U0057437

AQUARIUS

AQUARIUS

AQUARIUS

AQUARIUS

Vision

一些人物，
一些視野，
一些觀點，
與一個全新的遠景！

如何擁抱一隻刺蝟

戀愛與婚姻中的
人格識別、
接納與付出

段鑫星、李文文、趙亞平著

真摯推薦

「愛是療癒師，也是營養師。如果我們真的能遇到好的愛情，我們就能透過愛的濾鏡，遇見更好的自己。」《如何擁抱一隻刺蝟》的角度很有趣，作者段鑫星教授將我們的人格傾向比喻為「愛的鏡子」，用這些有趣的人格特質來解釋我們為什麼會選擇某種伴侶、我們的伴侶為什麼會有某種表現，以及我們與另一半在戀愛與婚姻中要如何促進彼此的關係，甚至對某種不健康的關係要如何「當斷則斷」。我期待每一位讀這本書的人都能遇見更好的愛情。

——**許川**（「相待心理」創始人；資深家庭治療師）

十年前，我對一對「相愛相殺」的大學生戀人說，你們兩位就像冬天裡的兩隻刺蝟，接近了就相互傷害，遠離了又感覺寒冷。《如何擁抱一隻刺蝟》正是這樣一本生動、有趣的戀愛人間指南。更重要的是，這或許是我近年來讀到的最好的原創心理學科普書，我想我一定會把它推薦給我的來訪者們，因為這是一本既科學、可靠，又有趣、好讀的心理學讀物。

——**徐凱文**（精神科醫師；「大儒心理」創始人）

兩個相愛的人就像兩隻刺蝟，既期待靠近彼此，又擔心互相傷害。《如何擁抱一隻刺蝟》講解了九種典型的人格傾向，包括自戀型、表演型、強迫型、依賴型等，並且用九隻各具特色的刺蝟，作為戀愛與婚姻中的個體的比喻，使得整本書讀起來既生動又有趣。這本書既能科學地幫你普及有關親密關係的心理學知識，又能解答你在親密關係中的諸多疑問，希望每個人都能在閱讀後有所成長。

——**雅君**（網路閱讀平台「十點讀書」主編）

【推薦序】

愛情，是齣由你、我人格共同演出的大戲

瑪那熊（諮商心理師、關係經營講師）

在寫這篇推薦序時，剛好國內外兩位「Amber」的新聞正在網路上受到熱烈討論。一位Amber與好萊塢巨星強尼・戴普的誹謗官司剛落幕，另一位與台灣知名YouTuber的離婚官司正要開打。這也讓許多人感慨，為什麼兩人走入婚姻後，最後鬧得不歡而散？為何當初兩人相遇相愛、選擇彼此，卻在情海掀起波濤洶湧的劇烈風暴？

在我們的成長過程中，會逐漸形塑出各自獨特的人格特質，包括我們對世界、他人、愛情

如何擁抱一隻刺蝟

與自我的價值觀，以及生活中看待事物的角度、與人連結時的習慣。這些複雜又豐富的內在因素，影響著我們外在的行為模式。很多時候，我們愛上某人、迷戀對方，會以為這種感情來自緣分，或是難以說清的「感覺」、「一種FU」。實際上，我們是被對方的人格所吸引，而為何會被那些特質吸引，又與我們自身的人格有關。

當我們進入一段親密關係，自然也會展現出人格樣貌，用不同的行為模式與伴侶互動。甚至在我的工作經驗中，許多人們面對愛情裡的另一半，會更毫無保留地釋放出內心深處潛藏的特質。因此在愛情關係裡，兩個人的相親相愛，是受到各自人格的影響；若雙方走向相恨相殺，同樣也是彼此人格在背後作祟。

為什麼某對情侶的感情穩定、甜蜜幸福？為什麼另一對情侶的關係劍拔弩張、吵個不停？又為何自己的戀愛總是遇人不淑、開高走低，最後認賠出場？不是因為月老牽錯線，也並非上輩子誰欠誰，一切都與我們的人格特質有關。在愛情之中，往往沒有絕對的惡人或壞蛋，僅是不同人格間的碰撞及火花，有的映亮夜空，有的烈火燎原。若你心中常有「真不懂他為什麼要這樣？」的疑問，或常怨嘆「愛到卡慘死」，不妨透過人格心理學的角度，來釐清自己的愛情盲點，以及伴侶各種行為背後的真相。

這本書非常全面地列舉了九種人格特質，並舉出經典電影作品的角色為範例，幫你快速勾勒出具有這些特質的情人的樣貌。接著，作者也詳細描繪不同人格的愛情寫真，解析當你與這種特質的對象交往，會有怎樣的所見所聞。這讓我們只需坐在咖啡廳或書桌前，就能彷彿身歷其境地經歷一段段神奇的戀情。更重要的是，除了看見不同人格對愛情的影響，更進一步看懂他們「詭譎行為」底下所隱藏的感受、想法與矛盾。即使遇到不對盤的情人，也不需急著用「好人」、「壞人」進行二分法，不妨先嘗試找到與他們的相處之道。

以下列舉幾個常見的人格特質：

自戀型人格

當我們剛認識擁有這種特質的情人時，會認為自己上輩子想必做了不少善事，竟遇上如此美好的伴侶。自戀型情人在關係初期會表現出完美的一面，那些我們想要、需要的愛情元素，他都會主動準備好，讓你覺得實在挖到寶。然而「伴侶必須配得上我，但又不能優於我」的矛盾會在交往後愈演愈烈，你會開始接收到來自伴侶的批評挑剔、吹毛求疵。他靠著打壓、否定避免內心的自尊受損，而你則因為這些暴力愈來愈缺乏自信，甚至認為「是我自己不好」而難以割捨這段關係。

表演型人格

「我要大家都注意我，目光聚焦在我身上！」是擁有此特質者的核心需求，於是壓抑本性、掩飾真實，表現出「別人會喜歡」的樣子，來吸引眾多潛在對象的歡心。表演型情人用著誇張的語氣、戲劇性的肢體動作及表情，來營造浪漫氛圍，並精心設計許多驚喜。但這些舉動並非真心為對方而做，而是為了滿足自己當個「模範戀人」的表演欲望。隨著時間推移，你很可能愈來愈覺得眼前的伴侶很不真實。他熱情積極、體貼浪漫，但你卻覺得自己只是個配角，被他強拉上台，演一齣完美愛情的戲。最尷尬的是，若你想分手，身邊的朋友將百般不解「你怎麼捨得放掉對你這麼好的人？」

偏執型人格

沾染此特質的情人彷彿化身為暗夜偵探，對人們與世界有著無止境的猜疑，並且「腦補」你很可能會背叛他，終究會給他一頂綠得發亮的帽子。因此，他必須隨時關心你的一舉一動，追蹤你的行程，並將自己塞滿你的生活（這樣你就沒時間作怪了）。這些膩在一起的行為看似甜蜜，實則是極度缺乏安全感的表現。同時，他還會想盡辦法排除潛在威脅：你「應該」主動交出社群與通訊APP的帳號密碼、你的手機「應該」隨時讓我檢視。你不願意？那你一定心裡有鬼，想必是已經有小三、老王了，對吧？然而，不論你如何交代自己的行程或攤開手機、電腦任憑檢查，偏執型情人永遠無法安心，並持續懷疑你。當不安與嫉妒持續累積，對方的行為也將隨之升級：限制你的行動、縮減你的人際圈、控管你的生活。

邊緣型人格

有這特質的情人，像是偏執型人格的加強版。對他們來說，愛情如同空氣般重要，也像是保命的浮木，必須緊抓不放、全力捍衛。這讓他們竭盡所能想控制伴侶，且伴隨著劇烈起伏的情緒：邊緣型情人可能此刻視你為天使，說盡甜言蜜語、小鳥依人討好你；但也會因為一些小事，瞬間認為你是個超級大惡魔，並且暴躁、憤怒地指責、批評與攻擊你。這種快速且極端的轉換，往往讓我們無所適從、備感壓力，深怕自己不小心踩到對方的地雷。於是原本熱烈的愛情，卻充滿愈來愈濃烈的恐懼氣息，足以令人感到窒息。

除了以上四種，本書也詳細分析了強迫型、迴避型、依賴型、憂鬱型、反社會型人格特質，不論是探索自己的愛情習性，或用以瞭解伴侶的內心，都值得仔細閱讀。這些知識能幫我們認識更真實的彼此，也有助於共同創造更美好的愛情！

【前言】人格決定你的愛情與婚姻

人格是我們的心理面貌

人格是我們的心理面貌。世界上沒有完全相同的兩片葉子，也沒有完全相同的兩個人。心理學認為，人格源於個體自身穩定的行為方式和內部心理過程。這裡有兩個關鍵。

第一個關鍵是穩定的行為方式，即跨情境、跨時間的穩定行為，例如一個外向型人格者不太可能在十年後變得內向；同樣地，一個自戀型人格者即使在情境與環境發生變化時，也很難成為一個不自戀的人。當我們說「這件事就像是他做的」、「這才是他」時，我們談的就是性格的穩定性。在親密關係中，有一個有趣的現象——「芝麻看綠豆」的緣分背後是彼此人格的投射。人格具有穩定性，我們常常會驚奇地發現，同一類人喜歡的往往是同一種「款式」的伴侶。

第二個關鍵是內部心理過程。發生在人內心的心理過程往往是看不見、摸不著的，但是它們直接影響著人的行動。

這些過程中有共性，例如人類的情緒（焦慮、恐懼等）、愛上一個人時的身體反應（緊張、出汗等）。當然，在內部心理過程方面，個體差異也很大。例如，有的人屬於「自來熟」，人見人愛，很容易成為眾人的焦點，而有的人則比較「慢熱」。內部心理過程也是每個人特有的人格密碼。

人格既有源自父母遺傳的部分，也會受到社會情境、教育環境、生活環境等因素的影響。我們很難斷言是什麼直接影響了人格，但可以確定地說：人格的形成受到天生的氣質、性格、父母的教養方式、教養環境及社會文化等因素的綜合影響，人格是逐漸形成的穩定的行為方式和內部心理過程。

人格解讀的不同面向

對於人格，不同的心理學派有不同的解讀。佛洛伊德創立的精神分析學派認為，人的無意識、潛意識對人格的影響大於意識，而且童年的經歷直接塑造了個體的人格。

特質學派的心理學家認為，人處在各種各樣人格特徵的連續體的某一個位置上，即人格特質的每一個面向，如內向、外向，是有連續性的，並非是「有或無」的狀態，而是「多或少」的狀態。

生物學派的心理學家更看重遺傳因素。他們更樂意用先天的遺傳特質解釋人格的個體差異。

人本主義學派認為，人的責任感以及自我接納水準，是造成人格差異的重要原因，因此該學派宣導一個人要成為自己，必須要承擔責任，活在當下。

行為主義學派認為，穩定的行為方式是條件反射和社會期待的結果。

認知學派則經由個體對資訊的加工方式來解釋行為的不同，例如憂鬱的人會用悲觀的方式，看待自己與戀人之間的關係，偏執的人往往對戀人多有猜忌……

因此，我們可以這樣理解：人的行為往往是一果多因或一因多果的，人的行為之間並非單一的因果關係。自然，在人格心理學中，沒有一種理論是絕對正確的，它們只是為我們理解人格提供了各種不同的視角。

理解人格

我們需要理解的是不同學派對同一種心理現象的解釋，例如憂鬱。憂鬱可能是我們所有人都體驗過的一種情緒。在佛洛伊德看來，憂鬱就是一種自我攻擊，「朝自己發脾氣」，它是一種無意識的狀態。特質理論關心哪一些人更容易憂鬱，認為一個人當前的情緒水準是預測他今後的情緒水準的重要指標。換句話說，經由一個孩子七歲時的憂鬱狀況，我們可以預測他十七歲時的憂鬱狀況。

生物學派的人格心理學家認為，有些人可能生來就對憂鬱比較敏感，天生就是比較脆弱的人，他們在面臨壓力的時候比一般人更容易憂鬱，而且有這種遺傳傾向的人，在生活中也經常會體驗到憂鬱情緒。反過來講，天生鈍感的人往往不是憂鬱的易感人群。

人本主義學派的人格理論家一般認為憂鬱可能與內在的自尊相關，一個人只有接納當下的自己，與自己和解，才能走出憂鬱。

行為主義學派認為，導致憂鬱的主要原因是自身的負面經驗，即人沉溺於負面的強化物，例如失敗的戀愛、學習上的挫折、交友與職業的不順利等。這些回饋慢慢造成了習得性無助，這種情緒會擴散到生活的各個角落。

認知學派認為，個體對情境的解釋是樂觀的、還是悲觀的，直接影響情緒的表達。有的人把控制力不足理解為暫時的困難，而有人則把它理解成個人能力不足，前者就不像後者那樣容易憂鬱。

每個人心中都有一種過濾機制。容易悲觀的人總會用容易導致憂鬱的方式解釋世界，因此憂鬱的人更容易回憶起那些不開心的事。簡而言之，人之所以變得憂鬱，是因為他們的思維方式容易引發憂鬱。

我們看到這些解釋時，也會產生似曾相識的感覺。每個人都要維持自己人格的穩定性與內部心理過程的一致性，因此，我們就會尋找與此一致的解釋。

此外，文化對人的塑造作用，最終體現的就是人格。不同文化對個體的人格有不同影響。我們生活在集體主義文化中，宣導並強調家國情懷。我們認為「一滴水，只有在大海裡才不會乾」，整體大於部分，集體重於個體。我們的文化更多地強調人與人之間的相互依賴，認為親密關係便是相互依戀，你中有我，我中有你。所以，在親密關係中，我們更多地強調「夫妻同心，其利斷金」，強調父母、子女各就其位的家庭秩序。家庭這個社會細胞承載著社會與文化的功能。而個人主義文化更多地強調個體的成就；個人主義文化認為在親密關係中，界限很重要。

這是個人主義文化與集體主義文化在親密關係中的不同表現。

不同的人格在親密關係中的展示

我們每一個人的人格特徵都是光譜上的一點，而且不同的人格類型之間並沒有絕對的界限。儘管如此，人格的分類仍然可以幫助我們很快地找到自己所在的位置。這有點像星座。沒有人認為星座能夠精準地描述我們每一個人，同樣，人格的分類也是如此。在人格的一端與另一端之間，在正常與異常之間，存在大片的灰色區域，我們多數人的人格都散落在灰色區域之內。

健康的人格是有彈性的、是有韌性的、是能夠成長的；而不健康的人格（如反社會型人格）的成長性與改善性頗具爭議。

在數十年的圍繞情感與親密關係的諮商中，我也發現：潛藏在行為背後的人格往往在暗中導演著我們的親密關係，例如依賴型人格者往往會被控制型人格者吸引，而迴避型人格者的最佳搭檔可能是問題解決型的人。「一把鑰匙開一把鎖」，兩性關係中的彼此吸引、相互依戀、難捨難分，甚至相互糾纏的背後，都是「人格」在起作用。

為方便讀者更好地瞭解自己及戀人的人格類型，本書借用了人格心理學中的部分人格類型，它們分別是自戀型人格、表演型人格、偏執型人格、強迫型人格、迴避型人格、依賴型人格、邊緣型人格、憂鬱型人格、反社會型人格。只有從人格層面理解親密關係，我們才能更好地理解戀人的行為模式、處事風格、愛情表達方式等。

事實上，人格類型的劃分也並非絕對，每個人都是幾種人格類型的結合體，例如，偏執型人格者身上往往有自戀的一面（表現為自大、自以為是），有時候他們也會出現反社會型人

如何擁抱一隻刺蝟

格的特徵——對他人的動機與行為的非善意猜測，甚至有時候會出現與迴避型人格者相似的對社會交往的嚴重迴避……我希望讀者在閱讀本書時不要簡單地對號入座，或者對你的另一半進行歸類，因為任何結論都可能對現有的親密關係造成傷害。

你將從本書中獲得人格的概貌，以及如何以人格為通道，理解一類人特有的情感表達方式、情緒狀態和相處方式。但我還有一個很重要的提醒：這本書可能會幫助你辨別「愛情惡魔」，遠離「PUA」（情感操控）型戀人。

心理學家詹姆斯曾經斷言：「在三十歲時，人格就像鐵板一塊，完全不會鬆動。」事實上，每個人在一生中都有無數次改變命運的機會，這些機會能讓我們覺察，甚至改變自己的人格。心理學家榮格也說過：「人終其一生都在整合童年時形成的性格。」

好的親密關係是一種依戀性的連結，是伴侶之間長期的、持久的相互照料、相互滋養、相互扶持。共同成長讓彼此變得更好。愛是療癒師，也是營養師，如果我們真的能遇到好的愛情，我們就能透過愛的濾鏡，遇見更好的自己。

好的親密關係能幫助你把不愉快的過往扔在風中，開啟一段令人欣喜的人生之旅。自然，糟糕的親密關係會對我們的人際關係、自我功能造成傷害，其影響甚至是毀滅性的。

期待本書可以帶給你一雙慧眼，讓你能夠有效地辨別親密關係中的陷阱，更好地享受愛情的美好，以及更好的彼此。

人格是一面鏡子。我們遇到的戀人往往是「自我」這面鏡子的投射，我們選擇的戀人反映了我們的需求，以及我們內心的恐懼；「你是誰，你就會遇到誰」，是我們的人格讓彼此相互吸引。

兩個相愛的人就像兩隻溫柔的刺蝟，他們既期待相互靠近，又擔心被對方傷害。

自戀型人格者只愛自己身上的刺；

表演型人格者的每一根刺上都寫滿了故事；

偏執型人格者的刺往往尖利卻又帶傷；

強迫型人格者的刺極整齊地排列著，他追求完美，不允許感情有絲毫的差池；

迴避型人格者把他的刺都藏了起來，你沒有機會碰到它們；

依賴型人格者把他的刺放在戀人的身上，他希望把自己的刺變成戀人的一部分；

邊緣型人格者的刺千奇百怪；

憂鬱型人格者的刺上寫滿了憂傷；

如何擁抱一隻刺蝟

反社會型人格者的每一根刺都很鋒利，甚至有毒……

每一種人格都是不一樣的風景，我們每個人都是「不一樣的煙火」，每一對戀人也都是獨特的存在。

當兩隻刺蝟相互靠近時，如何做到「親密有間」，是每一對戀人都需要修習的功課。針對每一種人格類型，本書從案例展示、愛情藍圖、愛情寫真、愛上這隻刺蝟後的感覺、如何與他相處等角度展開敘述，有趣、有味、有料。

期待你、我一起閱讀，共同成長！

目錄

009 真摯推薦
011 【推薦序】愛情，是齣由你、我人格共同演出的大戲／瑪那熊（諮商心理師、關係經營講師）
017 【前言】人格決定你的愛情與婚姻

第一章 自戀型人格的愛情

自戀型的刺蝟認為自己身上鋒利的刺，是他們最迷人的盔甲。

036 案例：跌入愛河，如入迷霧
042 自戀型人格的愛情藍圖：我的優秀與獨特無與倫比
046 自戀型人格的愛情寫真：我愛的其實是我自己
051 愛上自戀型人格者：在雞蛋上跳舞

054 理解他：缺乏現實感
056 如何與自戀型戀人相處？擁抱現實與真實
064 假如你是自戀型人格的刺蝟
067 電影推薦：《大亨小傳》

第二章 表演型人格的愛情

表演型的刺蝟是明星，他的刺閃閃發光。

070 案例：表演就是我的世界
077 表演型人格的愛情藍圖：我永遠要站在聚光燈下
080 表演型人格的愛情寫真：你看到的不是真實的我
085 愛上表演型人格者：迷惑地望向舞台中央
089 理解他：缺乏真實感
091 如何與表演型戀人相處？切換場景
094 假如你是表演型人格的刺蝟

目錄

097 電影推薦：《卡比莉亞之夜》

第三章 偏執型人格的愛情

偏執型的刺蝟滿身是刺，一旦他人侵入他的領地，他就會豎起這些刺，並將刺伸向對方。

100 案例：你的愛讓我恐懼
106 偏執型人格的愛情藍圖：在愛中懷疑
109 偏執型人格的愛情寫真：心碎是常態
114 愛上偏執型人格者：與猜疑共處
117 理解他：對他人缺乏信任
119 如何與偏執型戀人相處？卸下盔甲
124 假如你是偏執型人格的刺蝟
127 戲劇推薦：《戀愛的犀牛》

第四章 強迫型人格的愛情

強迫型的刺蝟的刺非常整齊，他不能忍受一絲凌亂。

130 案例：完美的懲罰

136 強迫型人格的愛情藍圖：愛的世界只有完美

138 強迫型人格的愛情寫真：我的愛是正確的

143 愛上強迫型人格者：你的存在就是錯誤

146 理解他：難以容忍不完美

147 如何與強迫型戀人相處？擁抱真實

151 假如你是強迫型人格的刺蝟

154 電影推薦：《艾蜜莉的異想世界》

第五章 迴避型人格的愛情

迴避型的刺蝟自卑，容易退縮，總喜歡縮成一團。

目錄

158 案例：愈靠近，愈恐慌
164 迴避型人格的愛情藍圖：逃離是主題
167 迴避型人格的愛情寫真：你前進一步，我倒退三步
172 愛上迴避型人格者：與頭在沙中的鴕鳥相處
175 理解他：迴避互動，害怕「被忽略」
177 如何與迴避型戀人相處？愛情是一種面對彼此的能力
182 假如你是迴避型人格的刺蝟
185 電影推薦：《阿飛正傳》

第六章 依賴型人格的愛情

依賴型的刺蝟既黏人又順從，他與戀人緊緊相擁，牢牢地抓著對方。

190 案例：沒有你，我一刻都活不下去
195 依賴型人格的愛情藍圖：你是我可依靠的核心力量
198 依賴型人格的愛情寫真：共生，無自我

201 愛上依賴型人格者：你感到疲憊不堪
203 理解他：獨立決策的焦慮
204 如何與依賴型戀人相處？鼓勵他大膽向前
208 假如你是依賴型人格的刺蝟
211 電視劇推薦：《都挺好》

第七章 邊緣型人格的愛情

邊緣型的刺蝟柔軟、易受傷，他的刺有時立著，有時收起，他經常被自己陰晴不定的情緒困擾。

214 案例：又愛又恨
218 邊緣型人格的愛情藍圖：愛恨一瞬間
222 邊緣型人格的愛情寫真：陰晴不定的戀人心
227 愛上邊緣型人格者：冰火兩重天
229 理解他：嚴重缺乏安全感

目錄

231 如何與邊緣型戀人相處？讓他感受你的愛
234 假如你是邊緣型人格的刺蝟
237 電影推薦：《令人討厭的松子的一生》

第八章 憂鬱型人格的愛情

憂鬱型的刺蝟獨特且迷人，他身上的刺令人目眩，讓他與眾不同。

242 案例：一段充滿擔憂與焦慮的感情
247 憂鬱型人格的愛情藍圖：防禦型戀愛
250 憂鬱型人格的愛情寫真：沒有力氣好好相處
254 愛上憂鬱型人格者：這一路上的風霜雨雪
257 理解他：開心並不是一件容易的事
260 如何與憂鬱型戀人相處？為愛尋找快樂
265 假如你是憂鬱型人格的刺蝟
267 電影推薦：《阿娜答有點blue》

第九章 反社會型人格的愛情

反社會型的刺蝟充滿攻擊性，在親密關係中渴望獲得操縱感。

272 案例：衝動與冷靜
278 反社會型人格的愛情藍圖：愛情裡不能說「不」
281 反社會型人格的愛情寫真：你的愛情，我的噩夢
286 愛上反社會型人格者：在刀尖上跳舞
289 躲開他：缺乏基本道德，無視規範
291 不要與反社會型人格者相處：及時止損，全身而退
296 假如你是反社會型人格的刺蝟
299 電影推薦：《煤氣燈下》

第一章

自戀型人格的愛情

自戀型人格的愛情

自戀型的刺蝟認為自己身上鋒利的刺，是他們最迷人的盔甲。

案例：跌入愛河，如入迷霧

男主角的視角：征服一段愛

李洲是一家小有名氣的室內設計公司老闆，與坐在辦公室裡「指點江山」相比，他更喜歡應酬，因為當他與人交往時，別人會被他帥氣的外表與多年積累的專業知識吸引。當對方用充滿敬佩甚至迷戀的眼光看著他侃侃而談時，這便是他最享受的時刻。

經人介紹，李洲認識了大學教師張小。張小找李洲只是為了找一家室內公司裝修新房。但是，李洲第一次見到張小時，就被這個有著大大的眼睛、白白的皮膚的女孩吸引了。在那一瞬間，一個念頭在他的腦海中閃過——「我一定要征服這個女生」。李洲對張小展開了猛烈追求。在裝修中他親力親為，為張小排憂解難。他深知自己的哪方面最吸引人。在兩個人交談時，他一直讓自己保持最好的狀態，連抬頭、點頭的角度，微笑的弧度他也刻意地控制著，好讓自己時刻散發魅力。他用自己的專業知識為張小解答疑惑，提出許多令張小滿意的建議，還自然而然地聊起了其他話題。從室內設計到時事，再到張小的專業，李洲在方方面面都散發著魅力，他希望這個女孩能為他傾倒。而事情也的確如李洲所願——張小主動添加了李洲的聯繫方式。她感覺自己被深深地吸引了。

兩人相處半年後，李洲向張小求婚了，求婚的儀式非常感人。儀式在張小生日那天進行，李洲十分用心，張小心懷感動地答應了。李洲覺得自己是世界上最幸福的男人。在李洲心中，此時的張小滿足了他對妻子的一切幻想——姣好的相貌與身材、有前景的職業、落落大方的舉止、良好的個人修養……這是他原來想都不敢想的幸福，這一切都讓他在朋友中非常「有面子」。每次與張小一起出席聚會，他都會成為大家羨慕的對象。最重要的是，他認為張小非常愛他，也是完完全全屬於他的。

兩個人結婚後，李洲為他們的婚後生活做好了計畫，例如每年旅行一次，婚後一年開始備孕，婚後三年準備生育兩胎等等。當然，更重要的是，兩週一次的朋友聚會，張小都必須陪他參加，因為這樣他才可以讓周圍的人知道，嫁給他的張小有多麼幸福。而張小是否有工作上的困惑或煩惱，都不在李洲的關心範圍內。

女主角的視角：被吸引與被貶低

張小是一名大學老師，由於需要裝修房子，她經同事介紹認識了現在的丈夫李洲。第一次見面時，張小就被長相頗為帥氣、舉止彬彬有禮的李洲吸引了——與自己身邊那些不修邊幅、只喜歡做研究的同事相比，李洲顯得如此獨特而有魅力。雖然她在聊天中得知，李洲的學歷與自己相差很大，但是他對於時事的侃侃而談，以及因浸入社會多年而練就的極高ＥＱ，都讓張小感覺十分舒服。確定好裝修方案後，李洲明明可以讓其公司的員工與張小聯絡，但是他並沒有這樣做，而是每次都親力親為。

在每一次的相處中，張小都覺得李洲好像非常懂自己，有時候他僅僅經由自己的一個眼神、一個細微的舉動，就能明白自己的想法，而李洲也有意無意地對張小的長相、學歷，以及工作表現出了欣賞。就這樣，張小慢慢地淪陷了。

兩個人很快就確定了戀愛關係，並走入了婚姻。當時的張小覺得，自己真的很幸福，因為她找到了這樣一位完全懂自己的靈魂伴侶。他瞭解自己的每一個想法，他可以把生活安排得井井有條，他會帶著自己去參加朋友的聚會，讓自己融入他的圈子，他還經常製造小驚喜。周圍的同事和朋友都很羨慕。但是好景不長，一段時間後李洲好像變了個樣子。雖然他表現得依然得體，但張小慢慢發現，在他心中，她似乎變成了可有可無的存在，而且她的存在似乎只是為了襯托他的厲害與優秀。

例如，婚後不久，李洲就為兩個人的生活制定了計畫，這個計畫是李洲一人制定的，他完全沒有聽取她的意見。計畫是從李洲的角度制定的，例如他們每年要在李洲休假的時候進行一次旅行，每兩週都要參加李洲的朋友組織的聚會，甚至何時生第一個孩子、何時生第二個孩子，李洲都計畫好了，而作為妻子的張小，只能選擇遵循。

除此之外，只要張小不隨李洲的心意，他就會貶低張小，說她在大學待久了，「社會智商」為零。此外，他在家庭生活中表現出了大男人主義的傾向，例如李洲不讓張小穿露肩的衣服，不讓張小在與小姊妹一起外出時化妝，更不讓她與其他異性交流，哪怕是因為工作需要。一旦李洲發現張小沒有按照他的要求做，等待張小的就是李洲的暴怒。

讓張小真的難以忍受的是前段時間發生的事情。當時張小有個研究項目到了關鍵時刻，於是在李洲提出參加朋友聚會時，她委婉地拒絕了，這個拒絕引起了李洲的憤怒與奚落。

李洲嘲笑張小：「高學歷有什麼用?!大學老師有什麼好?!不過是個虛有其表的職業，一個月的工資都沒有我一天賺的錢多。你乾脆辭掉工作做家庭主婦得了，這樣你還能好好照顧家。」

雖然張小的學歷與丈夫差距很大，但是當初張小並不在乎，她覺得丈夫的優點遠遠大於這個小小的不足，而且丈夫愛她，非常支持她的工作。

張小很難理解，為什麼當初非常尊重她的職業、支持的工作，並能偶爾為她的工作提建議的丈夫，現在這樣貶低自己，甚至在生活中打壓自己，對自己的工作指手畫腳。她困惑地想，現在的自己是否真的像丈夫說的那樣，一心放在工作上，太不顧家了？

是「直男」，還是「自戀」？

其實在生活中，和張小有同樣煩惱的女性很多。為什麼戀人總是阻止自己發展事業？為什麼明明自己是想為家庭增加點收入，但是對方卻不領情，反而阻撓？他們要求你做這做那，卻總是忽略自己在這段關係中應該承擔的責任。

以李洲為例，他要求張小按照他的計畫生活，對張小有較強的掌控欲，一旦他的要求被拒絕，就會十分憤怒。首先，李洲有強烈的優越感，自負、自大，他覺得自己無所不能，覺得自己是最優秀的，覺得自己的想法都是正確的，他希望受到別人的關心，希望別人以自己為中心。所以在親密關係中，他強制要求戀人按照自己的想法做事，操控戀人的生活，對方稍有冷落就會引來他的暴怒，甚至敵視。

其次，李洲又是低自尊者，稍不如意就會對自我價值產生懷疑，常常嫉妒並貶低身邊的人。他奚落、打擊張小，並拿自己的長處貶損張小，說張小的工作「毫無價值」，說張小的收入不如自己多，說張小在工作上浪費時間，不顧家。

最後，李洲缺乏換位思考的能力。他希望張小能夠按照他的計畫生活，卻沒有思考這樣的生活會不會給張小帶來不快。他口口聲聲指責張小不顧家，要求她放棄工作，照顧家庭，卻忽略了自己也是家庭的一分子，應該有所付出並承擔責任。

一提到這種現象，大多數人會抱怨對方是個不折不扣的「直男」，但實際上，這並不是問題的核心。這不是男生獨有的「直男」現象，而是自戀型人格的典型特徵。

自戀型人格的愛情藍圖：

我的優秀與獨特無與倫比

戀愛中的一方是自戀型人格的親密關係是什麼樣子的呢？這就像李洲和張小的愛情。李洲有強烈的優越感，自負、自大，總認為自己是正確的，所以在與張小的相處中，他操縱張小的生活，同時對張小進行打擊，貶低張小的事業，責罵她不顧家。日復一日地處在這樣的氛圍中，張小覺得自己彷彿真的有錯。

而**與自戀型人格者的愛情在一開始是非常美好的，甚至可以用「完美」形容，因為自戀型人格者開啟一段親密關係的第一個階段是「愛情轟炸階段」**。他一眼就鎖定了自己的「獵物」，並會想方設法地散發魅力，讓對方產生好感並深陷其中。他會營造一種充滿愛的氛圍，用「高濃度的愛」追求對方——頻繁地表達思念、在生活中隨叫隨到、「秒回」資訊等，一切對方期待的、愛情中應該有的畫面，他都會為對方營造。

除此之外，自戀型人格者通常非常聰明，他能夠迅速地瞭解對方的喜好，並投其所

好。無論對方喜歡哪種類型，他都「正好」是對方期待的樣子。

但一個人在愛上自戀型人格者後，往往會覺得哪裡不對勁——自己好像變得焦慮而敏感，會否定自己，會不斷地道歉，甚至在發現伴侶的表述或行為前後矛盾時，也會為伴侶找藉口。

這時，自戀型人格者就進入了愛情的**第二個階段——「愛情操控階段」**。在對方愛上自己後，他為了讓對方為自己的需求提供持續性的支撐，會在相處中不斷地歪曲、改寫事實，藉此潛移默化地讓對方產生自責、內疚、自卑等情感。

對方往往會感到自己沒有價值，不值得被更好地對待，會認為所有問題都是自己的錯，甚至為自戀型戀人的錯誤承擔責任。漸漸地，對方在這段親密關係中，徹底喪失了主動權。

如果此時對方還沒有從這段親密關係中脫身，**第三個階段便是「慘烈的結局」**。因為自戀型人格的個體通常無法與人建立長期的、穩定的親密關係，所以一旦他們在這段感情中得到了自己想要的愛與關心，或者遇到了他們認為比對方更優秀、更適合自己、更能證明自己的魅力的對象，他們就會捨棄目前的戀人。

如何擁抱一隻刺蝟

電影《控制》的女主角愛咪就是自戀型人格者，而這部電影也充分展示出自戀型人格者在親密關係中的操控欲。

愛咪，知名大學的講師、暢銷書的作者，是眾人羨慕的對象。愛咪遇見尼克後，被他深深吸引，想緊緊抓住他。她知道尼克喜歡的是「酷女孩」，於是在兩個人的相處中，她極力表現自己，經由做「酷女孩」常做的事情來吸引尼克。甚至在婚後，她仍保持著這個「人設」。

然而，自戀型人格者是驕傲自大的，也是脆弱的，他們不能忍受生活中的「不完美」，不能忍受對方脫離自己的控制。

自戀型人格者的感情世界就是這樣，他們的每段感情，都是因他們自己的需求而開始。他們把自己包裝成對方期待的樣子，然後經由「追逐」和「馴服」來控制對方。他們一旦發現對方不能滿足自己的需求，或者找到了更能體現自己價值的人，就會傷害，甚至拋棄對方。

在親密關係中，自戀型人格者時刻希望對方百分百地關心自己，他們在感情中是典型的「雙標者」。他們強迫性地尋求伴侶的欣賞，卻不會欣賞對方。**一旦受到一點質疑或**

者限制，自戀型人格者就會從「為你付出一切的魅力模式」跳轉到「一切都是你的錯的欺凌模式」，變得粗鄙、不可理喻、喜怒無常。

他們過度誇大自我價值，對別人十分冷漠，喜歡經由操控對方的一切來滿足自己的需求。這往往會給對方帶來極大的精神痛苦和心理壓力。

自戀型人格的愛情寫真：我愛的其實是我自己

我是特別且優越的，找到我，是你此生最大的榮幸

自戀型人格者通常是高自戀、低自尊者。一方面，他們對自己極度自信，認為自己是最好的、最優秀的，認為戀人應該以他們為中心，聽從他們的安排；另一方面，自戀型人格者又是低自尊者，他們害怕戀人貶低自己。為了避免遭到戀人的貶低，他們會否定對方、指責對方，藉此獲得安全感與成就感。

前面案例中的李洲，就是一個典型的例子。當生活中出現分歧時，李洲希望張小能聽從自己的吩咐，按照自己的想法做事。

因為他覺得，自己更聰明、能力更強，更重要的是，自己的收入是張小的許多倍。當張小不願意時，他就會表現出憤怒或者痛苦，並極力勸說對方。若對方還是不採納他的意見，他便會經由反覆遊說、嘮叨、向對方施壓等辦法，讓對方妥協，從而得到自己想要的結果。

同時，李洲最大的劣勢是他的學歷。他在這方面是自卑的，所以他總是抨擊張小的工作，並勸說張小辭職，做家庭主婦、全力照顧家庭。

無敵模式——我沒有弱點，更沒有錯誤

在親密關係中，自戀型人格者永遠不會承認自己的錯誤，因為他們認為自己永遠是對的。當他們與戀人發生衝突時，無論原因是什麼，有錯的永遠是對方，他們會找出無數的理由指責對方，卻很少反省自己。他們有很強烈的怪罪心理，會經由否定對方、把責任推給對方來滿足自己的心理需求，減輕自己的內疚感。

自戀型人格者不能接受別人的批評，也聽不進去他人的勸告，因為他們對自己很滿意，認為自己永遠正確。因此，他們總是將錯誤歸咎於他人。在親密關係中，他們極度缺乏自我檢討的能力。

欺凌模式——戀人只有一種選擇，那就是聽命於我

自戀型人格者在親密關係中最極端、最直接的表現，就是喜歡控制戀人。一旦與對方確定關

係，他就開始逐步操控對方的一切。他的控制不僅表現為行為上的限制與約束，還表現在精神上的控制。

行為上的控制比較明顯，例如李洲在婚後計畫好了張小要做的一切，並且禁止張小與異性交流。在親密關係中，自戀型人格者總會自以為是地要求對方做某些事。從表面上看，他是在表達對對方的關心，實際上，他是在經由控制對方的行為來滿足自己的心理需求。

精神上的控制則表現為當對方做了不符合他心意的事時，他會用開玩笑的語氣批評對方；當戀人感到不滿並想表達的時候，他就會不屑地表示對方小題大做，開不起玩笑。對方雖然會感到難過，但是為了維持彼此的關係，會選擇忍耐，這導致對方的底線愈來愈低。如果被批評的次數多了，對方就會思考自己是不是真的做錯了，並不自覺地為對方辯解。

這樣的生活對對方而言無比痛苦，但他又無法說再見。而自戀型人格者則藉此達到了控制戀人的目的，得到了這段親密關係中的主動權，滿足了自己的控制欲，並從中得到了愉悅與安全感。

● 缺乏同理心，難以換位思考

面對同樣的錯誤，如果是對方做錯了，自戀型人格者會不斷地指責；而如果是他自己做錯了，自戀型人格者不但不會低頭認錯，還會運用各種方法，讓對方覺得自己才是做錯的那個人。

例如，約會遲到是十分常見的一件事，如果遲到的一方是自戀型人格者，那麼無論對方怎麼表達不滿都沒用，因為他會找出無數的理由，為自己開脫，甚至會用「這點小事，你都要計較」的態度，讓對方覺得自己才是做錯的那個人。如果這個時候對方生氣了，甚至反應激烈，那麼，他就落入了自戀型人格者的圈套。

自戀型人格者就是希望激起戀人的極端情緒，然後站在道德的制高點上，指責對方。而如果遲到的是對方，他就會找出各種理由指責對方，對方的任何解釋都沒意義。

除此之外，當自戀型人格者為戀人制定各種計畫、控制戀人的行為的時候，他們從不考慮對方是否有時間、是否願意去做這些事，以及自己的行為會不會給對方造成困擾。這些永遠都不在自戀型人格者思考的範圍內。

光輝形象模式，自我高於一切

一開始，自戀型人格者總會把自己美化成對方期待的樣子，讓對方感覺他就是自己的「真命天子」。但是一段時間後，對方就會察覺，自己的戀人與一開始時的他完全不同，

如何擁抱一隻刺蝟

他並沒有自己想像中的那麼美好。自戀型人格者的自私、自大等缺點會逐漸顯露出來。

尤其是當兩個人之間出現矛盾時，**自戀型人格者總會找藉口逃避責任**。他們總是在解釋、推託，而不是在解決問題。

即使被對方當場指出了錯誤，他們仍能夠做到視若無睹，因為他們從心底認為這並不是自己的錯，自己永遠沒有錯。

他們不僅美化自己，也美化自己的戀人。他們會認為對方是最完美的，是最理想的伴侶，他們所做的一切都是對方認可和接受的。而一旦這種幻想破滅，一旦他們發現對方不再是預想之中的那個人，他們就會毫不猶豫地將對方踢出局。

愛上自戀型人格者：
在雞蛋上跳舞

與自戀型人格者戀愛或結婚是一種什麼感覺呢？與自戀型人格者相愛的人，一般會陷入一種兩難的境地——明明知道對方在對自己進行「感情虐待」，親密關係中充滿了衝突與傷害，自己是被傷害的那一方，自己卻無法徹底與對方說再見，甚至在問題出現後，會找藉口為對方開脫。

自戀型人格者的愛，表現為愛自己的一切。自戀型人格者要求得到無私的愛、無條件的讚美，他們希望以此證明自己無所不能。

與自戀型人格者戀愛、結婚的你，必須與他融為一體。**你不能是自己，只能是他的影子。**只要你提出不同的意見，對方就會有強烈地被拋棄、被否定、被責備的感受，他會勃然大怒、立即翻臉。事實上，自戀型人格者的情感往往是匱乏的、有缺陷的。

與自戀型人格者相愛的過程可以分為三個階段。在第一個階段，你會覺得他是最完美的

如何擁抱一隻刺蝟

戀人，他那麼體貼你、理解你，他的每個動作、每個想法都那麼符合你的心意，你在不知不覺中淪陷了。你覺得他是特別的、獨一無二的存在，他和你接觸的其他人都不一樣，與他的相處，彷彿給你平靜的生活帶來了不一樣的色彩，他讓你感受到了生活的魅力與激情。他對你的好，讓你覺得真愛來了。

然而，一段時間後，一般是在你們確定關係後，你就會發現好像哪裡變得不一樣了。他開始貶低你，對你百般挑剔，有時甚至很多天不與你聯繫。他操控你的行為，甚至思想，而你希望你們的關係回到最初的樣子，於是你開始按照他的要求改變，但是效果卻微乎其微。

在這個階段，你會開始思考：你做的很多事情是不是都錯了，你們之間的衝突是不是都是自己的原因，自己是不是太敏感了。**你道歉的次數愈來愈多，你覺得在這段關係中有很多不對勁的地方，但是你又說不出來**。

在最後一個階段，在這段關係中，你明明感覺很痛苦，但是你很難結束這段關係。你已經對他產生了依賴，你會習慣性地為對方的錯誤找藉口。**即使你發現他的言行相互矛盾，你還是會思考是不是自己的問題**。

而對於自戀型人格的他來說，在這段關係中，他得到了他一直渴求的愛與關心。你已經被他牢牢控制，而他對你的愛卻在慢慢減少。

當他遇到新的、更優秀的、更能滿足他的需求、更能證明他的魅力的對象時，他就會開始新的追求，而你會被拋棄。

與自戀型人格者相愛，注定是痛苦的，因為他們追逐愛情只是為了獲得滿足感與安全感。他們的感情都是短暫的。

理解他：
缺乏現實感

一九一四年，佛洛伊德在他的論文《論自戀》中，首次系統地論述了自戀問題。自戀源於性欲。佛洛伊德認為個體在生命的早期都是自戀的。隨著個體的社會化發展，個體逐步將「愛自己」擴展至「愛他人」。

自戀有兩種：原發性自戀和繼發性自戀。個體在生命的早期為了應對與母體分離的焦慮，需要在一段時期內將養育者當成自己的一部分來體驗。在這個時期，孩子將養育自己的人當作自己的一部分來愛，這被稱為原發性自戀。它是一種生存本能，其目的在於自我保護。

原發性自戀每個人都有，是人類得以生存的基礎。繼發性自戀是指孩子在成長的過程中，慢慢將自己投向客體。若個體在投射過程中遭遇挫折，這種朝向外界的愛就會折返回自我，這就是病理性自戀。

這類人長大後，在愛的選擇中，不是以他人為中心，而是以自我為中心。他們愛的對象是自我，即便在愛他人時，他們也將他人當作自己的一部分來愛。

研究者普遍認為，成年的自戀型人格者往往具有「公主氣質」或「王子特質」，這往往是藉由父母的追捧、誇獎、無原則的讚賞與遷就形成的。他們形成了「我比別人更優越」的想法，然而**他們的內心是脆弱的。因為他們不夠自信，所以他們必須事事強於別人**。

這種孩子的內心聲音是：「我既不優秀，也不獨特，因此我必須不斷地讓自己看起來既獨特，又優秀」。他們更加關心自我形象，特別是他人眼中的個人形象，在行為方面表現為自誇、喜歡受人讚揚等。

如何與自戀型戀人相處？

擁抱現實與真實

愈優秀的人對自戀型人格者愈有吸引力，因為優秀的伴侶更能滿足他們自身的需求。「完美」的伴侶才能證明他們的價值。但是他們又是低自尊者，需要經由不斷地獲得外部的認可來維持脆弱的內心。

一部分人會一邊經由向外界展現他們的優秀與強大，來獲得他人的愛慕，一邊經由貶低或壓制他人來彰顯自己的優秀，滿足自我保護的需要。所以，一旦你與自戀型人格者確定了戀愛關係，你就不再是他們之前極力想爭取的那個人了。他們反而會經由貶低你來達到自我保護、自我滿足的目的。

一旦你們之間出現衝突，他就會暴怒，或者對你實施冷暴力。你向他道歉，他卻不接受。他變得特別冷漠，這讓你感覺特別孤單。

因此，愛上一個自戀型人格者是一件非常具有挑戰性的事。我們都想擁有一個健康的戀人，但是當愛情來臨時，我們往往無法準確地做出判斷。

如果你真的愛上一個自戀型人格者，在相處中，對方已經開始對你進行打壓，那麼，這個時候你就要好好思考一下這段感情了。你可以運用以下的策略：

1思考自己為什麼會被自戀型人格者吸引

自戀型人格者是獨特的，他與你接觸的其他異性都不一樣，而這個獨特的人，恰恰是你理想中的戀人的樣子。

為什麼會這樣？在你們剛開始相處時，他會分析你的需求，按照你期待的樣子表現自己——這只是你淪陷其中的一部分原因。而**另一部分原因，可能與你早期的愛與被愛的經歷有關**。

在自我發展的每個階段，我們都會經歷愛與被愛，這些經歷塑造著我們的各種情感體驗——我們如何感知愛，會愛上什麼樣子的人，以及會用什麼樣的方式愛人。

我們都期望獲得戀人滿滿的關心，那麼我們會獲得嗎？其實很多時候，我們都在預設對方的反應，我們傾向於刺激對方做出我們預設的反應。

也就是說，不同的期待將引發不同的反應和行為，關係也會因此朝著不同的方向發展。

如何擁抱一隻刺蝟

如果你有一位溫柔、細心且能很好地滿足你各種需求的母親，那麼你更容易形成安全型依戀。成年後的你，會選擇一個與你的母親類似的人相戀。你不會過於依賴他人，不會因為分離感到過度苦惱。你會非常享受這段愛情。

但假如在應該與母親於心理上融為一體的階段，你的母親沒有及時滿足你對愛的需求，那麼在以後的成長中，你會對愛產生過度的渴望，並且過度敏感。

如果你的母親不能持續地滿足你的需求，那麼成年後的你會渴望一段親密無間的愛情。你將充滿不確定感，你會非常敏感，會時常給自己消極的暗示。這樣的你會被一位能夠撫慰你、給你足夠安全感的人吸引，因為這樣的人能讓你感到放鬆和滿足。

如果你有一位冷漠、嚴苛、挑剔的母親，那麼成年後的你更傾向於與戀人保持距離。你需要親密關係，但是你不願意與對方太過親近，因為你認為獨立和自由比親密的戀情更重要。你會讓對方有距離感。

如果你屬於後兩種情況，那麼你很可能被自戀型人格者吸引。無論是容易陷入他人的「愛情陷阱」，還是對與他人接觸充滿恐懼，其**原因都在於你期待一份完美的愛情**。而自戀型人格者在與你相處的第一個階段，會給你一段完美的愛情，你會被他深深地吸引。

在你們相處一段時間後，你會發現他並不像你想像的那樣完美，他有很多讓你難以接受

的缺點。而你的內心深處需要這樣的一份親密關係，因此你會放低姿態，理想化你的戀人，並把你們之間的矛盾都歸咎於自己。

沒有一個人的童年是完美無缺的。在成長的過程中，我們都在經歷各種來自親密關係的衝突。

解決問題的第一步，就是找出原因——到底是什麼導致了這段不健康的親密關係的開始。

2保持理性，找回現實感

自戀型人格的戀人會為你創造一份完美的愛情，但是**現實中真的有完美的愛情嗎？答案當然是否定的**。

當你發現一切都很美好的時候，你需要提醒自己冷靜下來。愛情中固然有激情和衝動，但**真正的愛需要經過時間的檢驗**。所以，當你被這份「完美」的愛情吸引時，當你因他所做的一切感到從未有過的幸福時，你要停下來想一想。你真的瞭解這個人嗎？他給你帶來的完美愛情是真實的嗎？

當然，這是一個非常困難的階段，因為你要從極致的幸福感中脫離出來，回歸現實。你需要抹掉親密關係上的理想化色彩，重新認識自己和對方，把雙方都看作不完美的現實中的人。

自戀型人格的戀人會在與你確定關係前，為你製造一個完美的世界，他會將這個世界中的所有不完美都抹掉。

確定關係後，他會嘗試改變你，他不能容忍你的「不配合」。而健康的戀人則會自然而然地給予你溫情與愛意。在你們遇到問題時，他會與你交流自己的想法與心意，他也願意聆聽你的心意，理解你的心情。在你遇到困難時，他會鼎力支持。這是自戀型人格的戀人做不到的。

所以，當你察覺你的愛情在初始過於完美時，你一定要保持理性，從理想化的狀態中脫離出來，在現實中思考這段感情，以及給你營造完美愛情的他。

3建立界限，堅持做自己

與自戀型人格者相戀時，最可怕的事情就是完全失去自我。他一點一點地侵入你的世界，侵占你的生活，慢慢地讓你很難離開他；他對你的貶低與指責讓你產生自我懷疑與自我否定；當矛盾出現時，你會不自覺地為他找藉口、自我欺騙……這都是喪失自我的表現。此時，你在與對方的相處中充滿痛苦，但又很難離開，於是你只能反覆地陷入自我折磨。

愛情無法一蹴可幾，它需要雙方不斷地磨合，在磨合的過程中找到讓大家都舒服的邊界。在與自戀型人格者相處時，你很容易被對方控制，這對你而言是一種傷害，你往往面臨著進退兩難的局面——一方面，你承受著情感上的虐待，另一方面，你又對這份感情依依不捨。你會在這種不健康的親密關係中愈陷愈深。

所以，當你真的決定好好地愛自戀型人格的戀人時，請在全身心投入的同時堅持自我，建立自我邊界。你可以思考以下問題：

- 你們有共同的興趣、愛好嗎？
- 如何利用共同的休閒時間？
- 當意見不一致時，你們該怎樣處理？
- 當你提出某些要求時，你是否害怕對方生氣？
- 什麼樣的傷害是你絕對不能容忍的？

經由思考這些問題，你可以找到自己的邊界，你可以明白對方貶低自己不是因為自己真的不好，而是因為自戀型人格的他無法同理。

同時**你要把握好自己的底線**，時常與自己進行積極的對話，告訴自己「我是值得被愛的」、「我很好」等，不要因為對方的貶低而產生自我懷疑。當他對你做出你不能接受的事情時，請先不要自我懷疑，你要給自己一些獨處的時間與空間。你要做自己喜歡的事情，滿足自己的需求。

你一定要記住，在與自戀型人格者相處時，你的內心一定要足夠強大。你要堅持自己的邏輯，不要被對方帶偏。

4 提升同理能力，在潛移默化中影響對方

成熟的愛情是互惠的，雙方可以互相關心，有效溝通，可以共同為持續這段令人滿意的關係努力。

而自戀型人格者做不到這些，他們事事以自我為中心，需要不斷地從外部獲得認可，以便補償自己內心的匱乏。那麼，你是不是要積極地改變他呢？

答案當然是「否」。在這個世界上，**任何人想經由自己的力量改變他人，都是十分困難的**。**我們應該做的是積極引導**——引導對方學著付出，引導他認識到雙方的愛是平等的，雙方是可以相互信任的。

第一，你要引導對方學著付出。自戀型人格者無法同理，也察覺不到你的需求。**你不妨把自己的需求明確地告訴他**，讓他能夠意識到你需要什麼。當然，這是一個很困難的過程。如果他反駁你，請你堅持自己的想法，並在合適的時機，再次向對方表達自己的需求。

第二，你要引導他意識到雙方是平等的，並且是可以相互信任的。例如，當你們產生矛盾，他開始無理由地指責你的時候，**你要讓他知道雙方是平等的，沒有人能夠一直忍受埋怨**。你可以冷靜地告訴對方他的表現，簡單地分析一下現狀，並給予他充分的思考時間。不要一味地給他找藉口，要在保證自己安全的前提下，揭開他的遮羞布，要讓他面對過錯，承擔責任。

當然，你也要讓他知道，你會陪在他身邊，他可以充分地信任你，但他需要面對自己的缺陷，為維持這段親密關係而努力。

假如你是自戀型人格的刺蝟

自戀型的刺蝟認為自己身上鋒利的刺，是他們最迷人的盔甲。這隻刺蝟喜歡「刷存在感」，常常沉湎於來自外界的讚美和欣賞，並認為這是理所當然的。在戀愛中，即使「盔甲」刺痛了伴侶，他們也視若無睹。

1 真誠地面對自己

是什麼讓你如此迷戀自己？是原生家庭中自戀的父母，是成長過程中虛假的成功，還是你不願意面對的內心的羞恥感、憤怒、無處發洩的自責，讓你穿上了自戀的盔甲？進入親密關係時，你要及時發現問題、自我覺察。

你只有經由真正的自我覺察才能擺脫情緒的控制，不再做情緒的奴隸。你可以問自己：「戀人一定要聽命於我嗎？單向指責是不是對感情的消耗呢？」自戀的對立面不是「不自戀」，而是活在關係中，學會將自戀轉變成愛他人，把興趣從自身轉移到他人、外界上，這有利於與對方建立健康的親密關係。

2 真實地面對現實

現實的不如意會給自戀型人格者帶來挫折感。因此，你要擁抱現實，與戀人「接地氣」地交往，與戀人一起進入充滿柴米油鹽的真實生活。你要從錯覺與幻想的「稜鏡」中走出來，走入「平面鏡」中；從全能自戀中走出來，在親密關係中學習換位思考，學習換個視角看待你的戀人，從而提升彼此的價值感。

3 提升同理能力，關心他人的需求

自戀型刺蝟給予的愛往往以獲得認可或等價交換為目的，他們甚至會利用「我做的一切都是為了你好」等說詞進行情感勒索。但愛是一種雙向的關懷，是雙方一起努力後收穫的成長。

所以，你要學會溫柔地觸碰愛，學會擴大「儲愛槽」的容量。你可以慢慢地從愛中汲取營養，嘗試與戀人同理。

4 適度降低自己的自戀狀況，提升彼此的情緒價值

自戀型的刺蝟既要看到自己的刺具有保護作用，也要認識到它們具有一定的傷害性。假如你已經認識到了自己的不足，那麼給自己一些獎勵，也是不錯的選擇。

5 兩個自戀型人格者極易被各自的刺傷害

自戀型人格者不是自戀型人格者的最佳伴侶。奉獻型的伴侶也無法幫助自戀型人格者成長，反而會助長他的自戀。

自戀的人需要一個既能幫助他成長，又敢於幫他拆掉情感盔甲的伴侶，這樣的伴侶不僅有愛，而且內心充實且成熟。這樣的伴侶既不會縱容其自戀瘋狂滋長，又能適度地保護其自戀的外殼，即給予對方足夠的時間與空間，允許其慢慢地脫下盔甲。

電影推薦：《大亨小傳》

電影《大亨小傳》是由美國小說家史考特．費茲傑羅的同名小說改編，男主角傑．蓋茨比由演員李奧納多．狄卡皮歐飾演，女主角黛西由演員凱莉．默里飾演。

影片的女主角黛西一出場就攝人心魂。她非常有魅力，並且聲音裡帶著一種特殊的激情。與她外貌一樣引人矚目的，是她自戀的性格。她渴望持久的關心與讚美，在見到尼克後，她的第一句話就是：「芝加哥有人記得我嗎？」在黛西的心中，自己是最迷人的，她認為自己會一直受到別人的特別關心。而尼克表示芝加哥仍有許多想向黛西傳達愛意的追求者，這令黛西感到心滿意足。

但鏡頭一轉，黛西的丈夫湯姆出軌了，而黛西對此也是知情的。儘管她和丈夫湯姆的婚姻並不幸福，但她並未因此感到遺憾。她極度自信，堅信自己的想法。

其實年輕時的黛西並不是這樣的，那個時候的她很單純、很美好，她愛上了長相英俊卻一無所有的蓋茨比。但是在蓋茨比從軍後，黛西對成功與金錢的幻想慢慢地顯露了出來。

她不再堅持與蓋茨比的戀情，而是轉頭嫁給了能給她「三十五萬美元的珍珠項鍊」的紈褲子弟湯姆。

後來，蓋茨比和黛西再次相遇，蓋茨比還深深地愛著她。黛西一直渴望關心與讚美，並且再次從蓋茨比身上得到了這些。更重要的是，曾經的窮小子蓋茨比已經成了知名的大富豪，住上了豪宅，這完全滿足了黛西的幻想。黛西深情地向蓋茨比表白，但是她卻並不理解蓋茨比對她的感情。她迷戀的是蓋茨比的金錢與癡情給她帶來的快感。在開車回家的路上，黛西不小心撞死了丈夫的情人麥奎爾，黛西竟然決定把所有罪名栽贓給蓋茨比。

從少年時與蓋茨比相戀，到與湯姆結婚，到與蓋茨比重逢，再到最後毫不猶豫地捨棄蓋茨比，黛西一直是那個自戀、貪婪、缺乏同理心的女人。她自戀，認為自己足夠美麗到讓所有見過她的人都難以忘懷，所以她問出了「芝加哥有人記得我嗎」這個問題；她貪婪，所以她可以為了「三十五萬美元的珍珠項鍊」拋棄戀人，也可以為了享受蓋茨比的財富與關心而出軌蓋茨比；她極度缺乏同理心，所以她完全不在意蓋茨比對自己的一往情深，將罪名完全嫁禍給了蓋茨比。

在影片的最後，黛西拒絕出席蓋茨比的葬禮，轉頭和自己的丈夫踏上了前往歐洲的旅途。

第二章

表演型人格的愛情

表演型人格的愛情

表演型的刺蝟是明星，他的刺閃閃發光。

案例：表演就是我的世界

電影《亂世佳人》改編自瑪格麗特．米契爾的《飄》，這部小說被稱為「一個女人的史詩」。電影以美國南北戰爭為背景，講述一個女子與命運抗爭的成長故事，這個女子就是這部電影的主角——郝思嘉。劇中的她漂亮、聰明、性格倔強，特別能吸引周圍男子的目光。

從查爾斯到法蘭克，再到白瑞德，她曾一次又一次地贏得愛情。但她卻始終沒能俘獲

衛希禮的心。在經歷過美國南北戰爭後，她終於明白了自己最愛的人是誰。

美麗與富有是她的籌碼

郝思嘉是塔拉莊園的大小姐，她擁有美麗的外表、驕傲的性格，她可以任性地支配圍在她身邊的每一個男子。她可以讓上層社會的青年都圍著她轉，並且以能夠為她效勞為榮。她熱衷於參加各種舞會。不管走到哪裡，她都能吸引眾人的目光，成為備受矚目的人物，無數人為她傾倒。

在電影一開始，郝思嘉在參加晚宴。她對查爾斯說：「哦，你還是那麼英俊……查理斯，我想和你一起吃烤肉，請你不要和其他女孩說話，因為我可能會為此吃醋。」她一轉身，又對另一位男士法蘭克說：「你的小鬍子讓你看起來真帥氣，查爾斯和雷夫邀請我和他們一起吃烤肉，但我回絕了他們，因為我先答應你了。」

接著，她又對另兩位男士布倫特和史都華說：「你們真英俊，我不和你們說話了，因為你們讓我生氣。你們一整天都沒陪我，而我穿著這件舊洋裝就是因為你們喜歡它，我還想著和你們一起吃烤肉呢。」

這樣戲劇化的、誇張的表達方式，讓郝思嘉輕易地吸引了在場男士的注意力，連衛希禮都說：「她把所有男人的心都收走了。」她不在意這些男子是否已經有了女伴，她只想讓自己成為人群的中心。當大家開始討論她不擅長的話題——戰爭——的時候，她硬生生地把重點拉回了野餐會。她有極強的虛榮心，虛榮心使她認為憑藉自己的美貌，她可以讓任何男人屈服於自己。她很享受一群男士圍著自己，為自己服務的狀態。

故事開始於錯誤的憧憬

儘管郝思嘉得到了幾乎所有上層青年的愛慕，但是她對這些唾手可得的愛戀不屑一顧，她認為自己愛的是十二橡樹莊園的衛希禮。

在郝思嘉的意識裡，她就是這個世界的中心，凡是她想得到的人或物，只要稍稍動一動手指頭就能收歸己有。所以，她固執地認為自己是衛希禮的真愛——「衛希禮並不知道我愛他，我要告訴他，我愛他。我要告訴他，不要娶她（韓美蘭）。」「我永遠不會恨你，我知道你喜歡我。」

她為什麼會這樣認為呢？一方面，郝思嘉是一個以自我為中心的人，另一方面，她極易受暗示，容易被他人的一些舉動影響，從而產生自己與他人的關係非常親密的錯覺。

衛希禮羨慕且欣賞郝思嘉的勇氣與不懼世俗，所以他彬彬有禮地對待郝思嘉的每一次試探，而正是這樣的「曖昧」，讓郝思嘉認為「他也愛著她」。

於是，在得知衛希禮即將與他的表妹美蘭結婚後，她依然大膽地向衛希禮表白，她非常深情地對衛希禮說：「衛希禮，我愛你，我愛你。」

當衛希禮明確地拒絕她，並表示要和美蘭結婚後，一直對衛希禮說「不會恨你」的郝思嘉立刻變臉——她惱羞成怒，大罵衛希禮。

這是一種非常戲劇化的情感表達，從「我愛你」到「我恨你」，再到她狠狠地打衛希禮一巴掌，前後只有一分鐘左右的時間。而更為誇張的是，被衛希禮拒絕後，郝思嘉立刻決定嫁給她平時看都不願多看一眼的仰慕者查爾斯。她這樣做的目的，僅僅是為了刺激拒絕自己的衛希禮。可惜她不知道，她的做法是刺激不到一個不愛她的人。

在表演中，迷失自我

第一任丈夫查爾斯在南北戰爭中因痲瘋病去世後，郝思嘉穿著喪服，出席了軍隊的募

如何擁抱一隻刺蝟

捐宴會。宴會主持人米格醫生宣布，在場的男士如果想與某位女士跳舞就必須為其競價，而所有的競價收入都將被捐給軍隊。

白瑞德以極高的價格邀請郝思嘉跳舞，米格醫生卻以郝思嘉在服喪期間無法跳舞為由，代其拒絕，而郝思嘉卻說：「不，我同意。我不管你想得到什麼，我也不管他們怎麼看，我只想跳舞！跳舞！就算今晚我要和亞伯拉罕・林肯跳舞，我也不在乎。」

在當時的時代背景下，作為遺孀，郝思嘉是不該拋頭露面，但她哪是一個顧及世俗的女子。對她而言，成為眾人關心的焦點才是她的需求。她有自己的追求，有敏感而誇張的情感。她不停地追求著感官刺激，又不斷地成為眾人的中心。於是，她在眾目睽睽之下接受了白瑞德的請求，開心地跳起舞來，以致宴會上一片譁然。

戰火蔓延到了泰拉，郝思嘉為了保住自己的家鄉，進監獄看望了白瑞德，期望從他那裡獲得金錢方面的幫助。她想方設法地進入監獄，並向白瑞德施展她的女性魅力。但是，當她得知白瑞德並不能幫助她時，立刻變臉離開了。

在路上，她遇到了妹妹的情人甘迺迪。此時的甘迺迪是一位事業有成的男士。為了保住泰拉，郝思嘉再次施展自己的魅力，橫刀奪愛。

對於郝思嘉而言，表演已經滲入骨髓。她沒有真情實感且相當自我。無論是看望白瑞

德，還是奪走甘迺迪，她都是為了達到自己的目的。她的熱忱是為了滿足她的某種需求。如果需求得不到滿足，她就會立刻翻臉。

後來，郝思嘉在經過貧民區時遭遇搶劫，她的第二任丈夫為了報復那些劫匪而被殺。郝思嘉第二次守寡。

在丈夫死後不久，她又不顧親友的反對，在服喪期間與白瑞德結了婚。白瑞德靠在戰爭中販賣軍火，成了富人，為當時的上流人士所不齒，但郝思嘉根本不在乎這些，只要自己能過上富足的生活，不再忍飢挨餓，其他的都不重要。

當然，在郝思嘉的心裡，她愛著且想與之結婚的並不是之前的三任丈夫，而是她一直未忘記的衛希禮。她逮住機會就向衛希禮表白。這種想法一直持續到衛希禮去世，白瑞德棄她而去。直到這個時候，郝思嘉才發現，自己愛的人其實是白瑞德。

這就是郝思嘉，她任性且自私，從來不關心別人怎麼看待她，只想滿足自己的欲望。她希望自己一直都是人群中的焦點。當衛希禮沒有像其他男士一樣傾慕她的時候，她反而執著地追求對方。在與其他男士交往時，無論對方是否已有女伴，她總是用誇張且戲劇化的語言挑逗對方。她又是容易受暗示的，她將衛希禮對自己的彬彬有禮視為愛情，於是一直固執地認為自己愛著衛希禮，且衛希禮也愛著她。

如何擁抱一隻刺蝟

她的情緒變化迅速且毫無預兆，一旦對方有拒絕她的意向，她就會立刻變臉，前一秒她還是含情脈脈的模樣，後一秒她就變得冷若冰霜，甚至怒不可遏。她可以為了滿足自己的需求，扮演不同的角色。為了刺激衛希禮，她嫁給了查爾斯，為了獲得金錢，她假裝愛慕白瑞德。

她的一生充滿了戲劇性，而這正是表演型人格的體現。

表演型人格的愛情藍圖：

我永遠要站在聚光燈下

在親密關係中，如果有一方是表演型人格，那麼這段親密關係會是什麼樣子呢？如果親密關係中的一方是表演型人格，那麼這段關係會非常戲劇化。在關係的一開始，表演型人格者會壓抑自己的本性做事，以便引起對方的注意。他們的很多做法會讓對方覺得他們彷彿是偶像劇的主角。

在表演型人格者的眼中，無處不是自己的舞台。他們會用浮誇的舉止，吸引對方的注意。但是表演不是現實，時間久了，這場表演總會結束。**表演型人格者的情感多變且膚淺**，這就意味著他們不能在同一段感情中持續地付出。

表演型人格者總是與異性關係曖昧，即使他們已經有了追求的對象，他們仍然會利用外貌的優勢以及戲劇化的行為，吸引其他人對自己的注意。

隨著相處逐漸深入，對方就會發現他們一直在表演，他們並不像他們表現的那樣美好。

他們的情緒不穩定、不懂付出。

在兩個人的相處中，表演型人格者會因為一點不如意就大吵大鬧，甚至做出極端的行為。他們會不顧場合地與戀人爭執。在遇到問題後，他們不會主動地與戀人交流，反而喜歡猜測。這都會讓戀人陷入深深的失望中。

表演型人格者的愛情就像胡蘭成與張愛玲的愛情。胡蘭成一見到張愛玲就展開攻勢，表達自己對她的欣賞和喜歡。

第一次見面，胡蘭成就絮絮叨叨地說了五、六個小時。胡蘭成送張愛玲到弄堂口，他們並肩走著，他忽然說：「你的身材這樣高，這怎麼可以？」「這怎麼可以」的潛台詞是兩個人的身高不般配，他已經把兩人作為情侶看待了。

但是，當時的胡蘭成是有家室的，他卻仍然幻想著自己能和張愛玲成為一對親密的情侶。

胡蘭成對張愛玲發起了猛烈的追求，但在胡蘭成後來的敘述中，他總是有意無意地透露，是張愛玲主動追求他，是她先動了心。

張愛玲曾送給胡蘭成一張照片，並在照片的背面題字：「見了他，她變得很低很低，低到塵埃裡，但她心裡是歡喜的，從塵埃裡開出花來。」這段話被胡蘭成賣弄得人盡皆知。對胡蘭成而言，張愛玲就像仙女，能和仙女談戀愛，是多麼值得炫耀的一件事啊！

大多數表演型人格者都是像胡蘭成一樣的「演員」。**他們虛榮、擅長投其所好，卻難以持續地投入一段感情**。

他們總在不斷地用自己的魅力，吸引其他異性的注意。在親密關係中，表演型人格者總能為自己的所作所為找到藉口。儘管對方覺得他有諸多錯處，但他總能將自己的行為合理化。

因此，如果在親密關係中一方是表演型人格，那麼這段關係注定是不真實的、令對方失望的。

表演型人格的愛情寫真：你看到的不是真實的我

● 行為戲劇化，表演欲強

時時刻刻都在表演，是表演型人格者最明顯的特點。無論是在起初的追求階段，還是在戀愛後的相處階段，他的一切行為都充滿了戲劇化色彩。

在追求階段，他的舉動很誇張，他會用盡方法讓對方愛上自己。在交流時，為了吸引戀人的注意，他會非常戲劇化地表達自己的意見。

他既會誇張地稱讚對方，也會肆意地貶低對方。例如，他在表達愛時，可能會用戲劇化的台詞對你告白：「哦，我是那麼愛你，如果你要我的命，我也可以給你。」他可能會一邊說，一邊做出誇張的表情。

而當兩個人分手時，他又會到處向別人訴說自己的痛苦，並把所有錯誤都推給對方，用很誇張的語言表達自己的「悲慘」，用情緒的起伏對他人進行暗示：「看，我有多愛他，

為了他，我可以放棄一切……我們分手都是因為他，我那麼愛他。我那麼完美，是他拋棄了我，辜負了我。一切都是他的錯。」

但很多時候，旁觀者會感覺表演型人格者膚淺而虛偽，沒有真情實感。那種感覺就像看演技不好的演員演戲一樣──他沉浸在自己的戲裡，覺得自己的故事很感人，但旁觀者卻覺得很尷尬。**「戲精」是表演型人格者的最佳形容詞**。

情緒變化迅速，反覆無常

表演型人格者的情感異常豐富，他們總是表現得很誇張，看起來熱情又活潑。但他們的情緒穩定性很差，熱情無法一直維持下去。他們的情感反應，讓人捉摸不透，有時候給人一種變化無常、陰晴不定的感覺。

此外，人們也會發覺他們的情緒變化缺乏深度──他們好像是為了吸引別人的注意，才表現出劇烈的情緒變化。

例如，前一秒，表演型人格者還在開開心心地與對方分享他的日常生活，後一秒，他就立刻變了臉──甩開對方，不顧場合地和對方爭吵，而情緒變化的原因可能僅僅是對方走神了。

即使有人對他指指點點，他也毫不在意，甚至看熱鬧的人愈多，他鬧得愈凶。無論對方怎麼道歉，他都毫不動搖，一味地沉浸在自己的吵鬧中。

對方無意間的某一句話，卻會使他立刻停止吵鬧，轉而開心地和對方繼續相處，就好像剛剛吵鬧的人不是他一樣。

喜歡幻想，易受暗示

在親密關係中，表演型人格者常常耽於幻想，把想像當成現實。例如，在追求某個異性時，他會暗示自己，對方對自己也是有好感的，這會給他帶來追求對方的勇氣。

郝思嘉在追求衛希禮時，一直認為衛希禮也是愛她的。衛希禮喜歡吃得多的女孩，因此她會讓自己多吃一點。衛希禮要和表妹美蘭訂婚，而郝思嘉則幻想著這是因為自己沒有明確地告訴衛希禮自己愛他。

表演型人格者容易按照自己的想法去揣測自己的戀人。例如，在親密關係中，如果兩個人發生了分歧，表演型人格的一方會深深地陷入幻想，並根據想像揣測自己的戀人，卻不主動與戀人溝通。

時時刻刻想成為焦點

我們會發現，性格開朗、能說會道的人更容易成為人群中的焦點，表演型人格者也瞭解這個法則。

在親密關係中，他們一般都顯得很活潑，十分招人喜歡。尤其是在與對方剛剛認識的時候，他們會想盡一切辦法讓自己看起來熱情、開朗，讓對方覺得自己很有魅力。

而當對方的視線不再聚焦在他們身上時，他們就會做一些做作、誇張的行為，吸引對方的注意。為了達到這一目的，他們不惜譁眾取寵，裝腔作勢。

例如，在與朋友聚會時，表演型人格者會表現得格外體貼。假如他在點菜的時候，聽到有人提到香菇，他會充滿歉意地說：「不好意思啊，XX不喜歡香菇的味道。」吃飯期間，他夾菜、剝殼、倒水；吃完飯後，他又跑去給戀人買優酪乳，囑咐戀人火鍋不好消化等。

這是不是一個「模範」戀人？如人飲水，冷暖自知。我們看到的**「模範」戀人可能根本沒那麼喜歡對方，他只是喜歡表演給其他人看而已**。

人愈多，表演型人格者就愈誇張，因為他們喜歡的、追求的，就是這種被他人注視的感覺。

無法持續地付出

有人說，表演型人格者是容易出軌的群體，因為他們總是可以吸引他人的注意，而且他們愛幻想，總認為自己與他人的關係很密切。

的確，**表演型人格者無法持續地愛一個人，並為其付出**。表演型人格者是戲劇化且情緒化的。他們不能忍受無聊，他們總是在尋找新的刺激，以滿足自己的需求。所以沒有挑戰和新鮮感的親密關係對他們而言，可能是無聊的。他們天生的「社交能力」使他們可以輕而易舉地開始新的追求。

愛上表演型人格者：迷惑地望向舞台中央

有一個表演型人格的戀人是一種什麼體驗呢？表演型人格者把親密關係當成了他表演的舞台，他所做的一切，更像是誇張的表演。

他經由這種戲劇化的表現來吸引他人的關心。而對這段親密關係中的另一方來說，談戀愛就像是在配合他的演出。有時，另一方還要扮演一個反派角色，這十分辛苦。

一開始，你會被他猛烈的追求打動。他會頻繁地向你示愛，並說著只有偶像劇才有的告白情話。

雖然你對他的奇怪方式略有反感，但是你會覺得他是愛你的。因為他會大方地向你示愛，他想讓全世界都知道他對你的愛。

胡蘭成在追求張愛玲時，就是如此。胡蘭成因為一篇小說對張愛玲心生愛慕，而見到張愛玲的照片後，他更覺得這是所有男子心中的「白月光」（出自〈紅玫瑰與白玫瑰〉小說）的樣子，於是他對張愛玲展開了追求。

他主動上門拜訪，被張愛玲拒絕後，他又開始寫信，並把信悄悄地塞進張愛玲家的門縫。與張愛玲第一次見面時，胡蘭成就談及對方的收入與身高，談起兩個人匹配與否的話題。

涉世未深的張愛玲覺得胡蘭成很唐突，但仍在胡蘭成的花言巧語中，對他產生好感。

但是隨著相處的深入，你會發現，儘管他非常貼心，但是似乎哪裡不太對勁。**他會把你們之間的一點一滴都公諸於眾，讓大家羡慕你們的愛情**；在與朋友相處時，他經常聊關於你的內容，會談及想帶你去旅行，想帶你去吃你想吃的美食，想把自己的一切都給你；當你們一起參加聚會時，他會無微不至地照顧你，例如主動幫你夾菜，幫你拒絕你不喜歡的食物，甚至會因為你不經意的一句話而立刻行動。

周圍的所有人都覺得他非常愛你，只有你自己知道事情並不是這個樣子。他把你們相處的點滴放到朋友圈，但在此之前，他從未徵求過你的意見，也不在意你是不是介意；他和朋友聊關於你的事情，可是這些事情他從未和你聊過，甚至當你提起時，他也毫不在意；他幫你拒絕的，也僅僅是他認為你「不喜歡」的食物。

在你們的相處中，你會發現，他所做的一切看似與你有關，其實與你毫無關聯。

他不懂你的心意，也從未在乎過你的心意，他只是在好好地扮演「模範戀人」這個角色。他一邊感動自己，一邊贏得大家的誇讚，而你卻要被迫承擔這一切，並配合他的表演。你需不需要、喜不喜歡對他而言，毫不重要。

我們在戀愛中都希望自己是對方的唯一，並希望對方能和自己一起為維持這段親密關係努力。但是與表演型人格者談戀愛的你卻發現，在這段感情中，專一僅僅是他對你的要求。

如果他發現你與異性接觸，他不會問原因，而是會陷入自己的幻想中，然後不分場合地與你大吵大鬧，一味地埋怨你，讓所有人都以為是你做錯了。

這樣的他，讓你很傷心，而你卻又有苦說不出。但是他自己卻常常與其他異性曖昧不清，甚至還會向你炫耀自己是多麼受歡迎。

當你無法忍受他的多情，並向他提出分手時，他會不斷地糾纏你，並向你們共同的朋友訴說自己是多麼愛你、多麼捨不得你。他為了你們的感情付出了多少努力，以及你多麼絕情。

他的精湛演技會讓所有人信以為真——大家覺得是你辜負了他，是你無理取鬧，是你不懂得珍惜。

與表演型人格者談戀愛是一件非常累的事情，你完全猜不到在什麼時間、什麼地點，他會開始一段什麼樣的沉浸式表演；你不清楚他的這場表演的目的是什麼，卻又不得不努力配合他；你明明感覺不到他的愛和付出，卻要承受外人「羨慕」的眼光。你生氣、憤怒，卻又無力辯解。

看著他多變的情緒、「戲精」式的表現，以及與他人的曖昧不清，你有時候會後悔愛上這樣一個人。

理解他：缺乏真實感

表演型人格的形成往往與未被滿足的生命早期的發展需求有關，例如被關愛的需要、被指導的需要和被認可的需要。

表演型人格者往往認為如果自己得不到他人的關心、照顧與仰慕，自己就沒有價值。

在表演型人格者的早期生活中，他們往往有喜歡以誇張的方式向孩子表達感情的父親或母親，孩子會習得這種看似有意義的表達方式，並嘗試以與之相適應的方式生活，其核心是對自己的能力不夠自信。

他們的內在邏輯是：「如果我不能受到他人的關心，我就會被拒絕，這是我無法忍受的，因此我必須富有戲劇性，我必須足夠迷人，足夠有吸引力。」他們竭盡全力地「表演」獲得他人的認可與關心，同時對他人的指責感到恐懼。總之，成為焦點對他們很重要。

事實上，表演型人格、自戀型人格與依賴型人格的人都會終生尋求關心、讚賞、認可與支持。但表演型人格者的情感表達更膚淺、更誇張。

在與人談話時，他們的語言缺乏細節，他們的情感不穩定，他們的表現很戲劇化，例如誇張的表情、語氣、態度等。這些表現背後的核心是對被人忽視的極度不適。

即時的滿足感對他們非常重要，他們的表現所引發的負面評價則不那麼重要。

他們的核心信念是：「我的能力不足，我不能引起別人的重視，我需要一些外在的戲劇化的方式來證明我成為人群的焦點。」

他們的自我形象往往是「優秀的、迷人的、受歡迎的、有吸引力的、有趣的」，因此他們的完美戀人往往是依賴型人格者。戀人對自己的依賴，讓表演型人格者有了充足的力量感與掌控感。

他們害怕自己被人冷落，所以努力地表現自己。他們往往會高估自己和別人的關係，其實別人並不在意他。儘管他們偶爾會意識到這一點，但是他們仍然會騙自己說：「他們真的離不開我，我真的很受歡迎。」

如何與表演型戀人相處？

切換場景

表演型人格者看上去熱情、活潑，但是他們的內心其實是很孤獨的。他們喜歡且擅長表現自己，會經由誇張的、甚至稍顯不當的表現來吸引外界的注意。情緒多變也是他們脆弱的表現。

經由進一步分析，我們會發現表演型人格者是非常可憐的，他之所以經由誇張的表現來獲取關心，是因為**他在成長的過程中經常被忽略**。所以，**你如果真的愛上了表演型人格的他，就請給他成長的時間，用真誠和善意對待他，儘管這是一個非常辛苦的過程**。那麼，如何讓這段親密關係變得更好呢？你不妨試試以下方法。

1 理解對方：戲劇化的行為是正常的表現

表演型人格者的舉止往往略顯誇張，但是他們並不認為自己是在「表演」，他們認為自己的行為是正常的。他們的行為之所以更具戲劇性，是因為在面對問題時，表演型人格者的情緒來得更加猛烈，並且他們希望經由這樣的方式來吸引對方的關心。

如果你愛上一個表演型人格的人，並想與他繼續交往下去，**你首先要做的就是理解對方，理解他的戲劇化行為是他的人格類型使然**。他不分場合地吵鬧，向他人炫耀與你相處的點滴，都是他獲得自信、避免沮喪的方式。因此，當他的表現過於誇張時，你與其對他生氣，不如選擇接受。

從旁觀者的角度來看，表演型人格者的行為通常比較可笑，戲劇化的言語與舉動可能會招來他人的嘲笑。而你作為他的戀人，是他最親密的人，看起來自信滿滿而內心脆弱的表演型人格者，往往非常在意身邊人的看法，因此你不能像其他人一樣嘲笑他的表現，也不可以以此開玩笑。

面對你的玩笑，他往往不清楚你是在調侃，還是在嘲笑。情緒比其他人激烈的他會非常激動，他會覺得你不理解、不關心他。他會經由極端的方式來獲取戀人的注意，例如痛哭流涕，甚至自殘或自殺。

2給予舞台：尊重其表演

多變的情緒、「戲精」化的表現都是他獲取他人關心的方式，如果你嘗試阻止他的行

為，他可能會礙於面子有所改變，但是並不會認真地思考自己的行為是否合理，甚至會在下次遇到同樣的情況時變本加厲。所以，**在不傷害自己，也不傷害他人的情況下，你不妨給他一方舞台**，允許他表演。

此外，表演型人格者很需要觀眾，需要他人的認可，而作為他的戀人，你是他最好的觀眾。所以，當你發現他又開始表演時，千萬別打斷他的「演出」，不要將他從幻想中強拉出來，而要站在觀眾的角度，配合他表演，呈現出他期待的反應。

當然，在這個過程中，你一定要拿捏尺度，不能對他的表演視而不見，更不能一味地讓他沉浸在表演帶來的滿足感中。

3 適度糾正：告訴他正確的做法

在與戀人相處時，你可以從相反的角度慢慢糾正對方的行為，對他偶爾表現出的正確行為給予讚賞與認可。當他表現出戲劇化的舉動時，你可以適度地配合，而當他的行為正常時，你可以表現出對他的欣賞。因為他所做的一切其實都是為了獲得他人的認可與關心，所以你可以經由這種方式，使表演型人格者慢慢放棄自己的戲劇化行為。

如何擁抱
一隻刺蝟

假如你是表演型人格的刺蝟

表演型的刺蝟是明星，他的刺閃閃發光。他擅長交際，是天生的表演家。其實他只是渴望被看到，渴望被關心。當這隻刺蝟陷入親密關係中時，他的內心更加脆弱，他害怕被伴侶忽略，因此會營造一個又一個愛情幻象。

1 透過濾鏡，看見真實的自己

在這場以愛情為主題的音樂劇中，你既是演員，又是觀眾。你沉浸在自己導演的一場盛大的演出裡。請想像一下：舞台的燈光暗淡下去了，你看著自己。此時，你的內心最想要的是什麼，在你扮演的眾多角色中，你最喜歡哪一個？你要讓這個自己變得更加強大、更

加真實。你需要試著瞭解自己的真實需求和願望，慢慢尋找內心想要的，把舞台與演員分開，把角色與自己分開。

這需要時間，也需要你面對自己的脆弱卻真實的一面。與真實相處久了，你會接納更加真實的、有血有肉的自己。

2接納真實的自己

接納真實的自己是表演型人格者實現自我蛻變至關重要的一步，而這一步往往需要在舒服、安全的親密關係的幫助下完成。在親密關係中，你可以慢慢「卸妝」。當你不再需要鎂光燈、聚光燈與閃光燈時，你會發現那個真實的自己依然散發著美麗的光芒；當你可以與這個真實的自己相處時，你就會變得更加自然、自信，更易於相處。

3與真實的自己相處

伴侶間的激情與浪漫是生活的調味劑，但最真實的生活永遠是柴米油鹽醬醋茶。請放下戲服，融入生活，這樣的真實感踏實而溫暖，就像是雙腳踏在地上的感覺。這個過程需要伴侶的支持、包容、理解與尊重。

4 你的最佳搭檔

兩個表演型人格者生活在一起是什麼樣子？兩顆孤獨的心碰到了一起，雙方為了給彼此留下好印象，都在竭盡全力地表演。兩個人表演得當的時候，就像牛郎和織女——什麼也不能將他們分開；表演出現失誤時，兩個人就變成了羅密歐與茱麗葉——每天都在上演生離死別。只有雙方都卸下偽裝，兩個人才能迎來真實的愛情。

對一個活在舞台上的人而言，一段穩定的親密關係具有天然的療癒作用。這樣的親密關係需要溫潤的土壤、充沛的內心、恰當的表達，**那些內心溫暖、善於解決問題又敢於面對真實生活的人，是表演型人格者的最佳伴侶**。如果你可以遇到一個愛你的、願意陪伴你成長的人，這將是一段美好的療癒之旅。

電影推薦：《卡比莉亞之夜》

一九五七年上映的電影《卡比莉亞之夜》，由義大利著名導演費德里柯・費里尼執導，講述了茱莉艾塔・瑪西娜扮演的失足小女人卡比莉亞，天真地追求愛情與幸福的故事。

身處社會底層的卡比莉亞做著不光彩的工作，但天真、善良的她仍然非常渴望甜蜜的愛情，也希望自己能夠擁有一個幸福美滿的家庭。夢想能夠盡快找到戀人的她，總是做出誇張的表情——前一秒她可能非常歡喜，後一秒又顯得悲痛欲絕。然而，她的三段感情經歷都非常糟糕。

第一段感情是與一個叫喬治的青年。雖然他們剛認識一個月，但卡比莉亞卻認為喬治是愛自己的。然而，喬治卻搶走了她的錢，並把她推進河裡，最後逃之夭夭。

在知道喬治拋棄自己之後，卡比莉亞顯得煩躁不安，之後又變得很沉默。她安靜地坐在台階上嘆息，甚至從雞籠裡抱出一隻雞來，不停地撫摸，以此安慰自己受傷的心。之後，她又突然歇斯底里地怒罵喬治。

如何擁抱一隻刺蝟

第二段感情是與滿身貴氣的大明星阿爾貝拉・拉札里。大明星將站在路邊接客的卡比莉亞帶回了家，這讓卡比莉亞非常興奮。

當她看到有人把晚飯送進房間時，她的開心溢於言表。後來大明星的女友來了，卡比莉亞只能躲進廁所。

她靜靜地聽著大明星與女友的對話。當他們爭吵時，卡比莉亞非常開心，當他們擁抱時，卡比莉亞眉頭緊鎖。

最後一段感情是與自稱是一名會計師的奧斯卡。奧斯卡對她非常殷勤，而卡比莉亞也很容易陷入幻想。她變賣了房產想與奧斯卡結婚，卻發現對方心懷叵測——他不但搶走她的全部積蓄，還險些將她推下懸崖。最後，卡比莉亞孤獨地站在懸崖邊，悲傷地大喊。

卡比莉亞憧憬著愛情，也憧憬著婚姻，她會用誇張的表情與行為吸引男性的注意。她活在自己編織的戲劇中，喜歡感情用事，也極易陷入幻想。

她認為自己喜歡的男性，也真心地喜歡自己，而被騙後，她又非常戲劇化地表達著自己的情緒。

第三章

偏執型人格的愛情

偏執型人格的愛情

偏執型的刺蝟滿身是刺，一旦他人侵入他的領地，他就會豎起這些刺，並將刺伸向對方。

案例：你的愛讓我恐懼

女主角的視角：為什麼被傷害的是我？

小南前段時間和男朋友小宇分手了。她非常疑惑，明明自己全心全意地付出，為什麼還是成了被傷害的那一個。

第一次見到小宇的時候，小南就被他迷住了。他帥氣、樂觀、幽默，在小南心中，小宇非常完美，沒有一絲缺點。而雙方陷入熱戀後，小南對小宇更加癡迷，恨不得時時刻刻與他待在一起。

小南一有空，就會去找小宇，並為他做自己能做的所有事情——做飯、洗衣、購買生活用品等。小宇也經常誇讚小南賢慧，這個時候小南就非常開心。雖然小宇有時候也會對小南說不用這麼辛苦，但是小南總覺得小宇是在客套。她能感覺到小宇也是愛她的。每次小南向小宇提起別人的男朋友為她們準備的驚喜後，小宇也會幫小南準備。

這樣溫馨的生活是什麼時候開始改變的呢？那次兩個人一起出去玩，小南發現小宇總是看手機，說話時也心不在焉，而且當小南看向他的手機時，他會不自覺地蓋住。於是小南不說話了，一直盯著小宇看。

小宇感到氣氛不對，意識到小南生氣了，他向她解釋，自己有工作上的事情。雖然當時小南沒發作，但是這件事情成了小南心中的一根刺，她開始變得多疑，總是疑心小宇移情別戀了。於是，在小宇不注意的時候，小南就悄悄地看小宇的手機，想找出一些蛛絲馬跡。

看了幾次之後，小南並沒有發現男朋友的手機裡有什麼不對勁的地方，但是她還是固執地堅持自己的想法，認為自己肯定沒想錯，只不過小宇比較謹慎，把「證據」都刪掉了。

如何擁抱一隻刺蝟

直到有一天，小南在小宇的公司樓下等他下班，發現他和一個女孩子一起出來。憋了很久的小南彷彿找到了出口一般終於爆發了。小南直接跑上去，打了那個女孩一巴掌。小宇反應過來後，立刻把小南拉開，並向同事道歉。而小南卻不依不饒，固執地認為是小宇做錯了，心虛了。小宇一直對她解釋，小南完全聽不進去，堅信自己的想法是對的。

小宇對小南說：「如果你再鬧，我們就分手！」她這才平靜下來，但是她的心裡還在想：「誰都不能搶走我的男朋友。」

走在路上的小南仍在想：「為什麼這一幕恰巧被我看到？那個女孩是不是有意讓我惹怒小宇，好奪走小宇？對，一定是這樣！」

在後來的日子裡，兩個人之間的溫馨消失了，取而代之的是猜忌。

只要小宇不能立刻滿足小南的需求，小南就覺得小宇肯定在想那個女生。即使小宇滿足了小南的需求，她也會覺得小宇是心虛，所以對自己有求必應。小宇一再解釋，但是小南卻覺得小宇的解釋是對她的威脅，他在威脅她不要再糾結於這件事了，不要再找尋真相了。

時間久了，小宇愈來愈受不了這樣的小南，於是和她分手。小南很傷心，她覺得，明明自己才是全心全意付出的那一個，自己不應該被傷害。

男主角的視角：為什麼你變成了一顆「炸彈」？

前段時間，小宇和女朋友小南分手了。小宇認為自己真的很喜歡她，但是也真的無法忍受她的固執、猜疑、挑剔，以及對自己的付出一再忽視。

小宇說，自己剛認識小南的時候，小南明明是個非常可愛的女生，她喜歡撒嬌，非常天真，也非常有愛心，總會主動照顧小宇的生活，即使小宇拒絕過好多次，小南還是堅持付出。小宇非常感動，也更加愛護小南。

每當小南略有羨慕地說「XX的男朋友又做了……」的時候，小宇就會盡力滿足她。雖然小宇偶爾覺得小南的羨慕有點頻繁，但小宇認為只要她的要求還在自己可接受的範圍內，自己就願意寵著她。

但是時間久了，小宇卻發現，小南好像看不到自己的付出，也完全不在乎自己的想法，她只會按照她的想法做事情。

每當小宇提出意見的時候，小南都會覺得小宇不那麼喜歡她了。雖然小宇對小南解釋過很多次，事情不是她想的那個樣子，他只是怕小南太辛苦，想幫她分擔一些，但是小南完全聽不進去，固執地堅持自己的想法。

如何擁抱一隻刺蝟

這讓小宇覺得這段戀愛談得好辛苦，而小南的多疑讓他有了分手的想法。那段時間，小宇的一個工作專案進入了收尾階段，為了不讓小南感覺自己被冷落了，他還是像平常一樣和她約會，但是他需要及時地回覆消息。

因為他頻繁地看手機，所以小南誤會了，她以為小宇在和其他女生聊天。小宇對她解釋過很多次，小南都不相信，她堅信自己的想法是對的。於是小南總是在小宇不注意的時候看小宇的手機，甚至看他的轉帳記錄。

小宇很無奈，不過也沒有太在意。直到有一天，小南在公司的樓下等小宇下班，當時小宇和一位異性同事一起出來了，其實他與對方根本不熟，只是碰巧一起出門，這一幕成了導火線，小南一下子「炸」了，上來就給了那個女孩一巴掌。小宇當時就愣住了。從她歇斯底里的話語中，他才知道，小南竟然還在懷疑自己，而且認為這個女孩就是和自己聊天的那個人。

公司的樓下人來人往，於是小宇一邊拉著小南，一邊向那個女孩道歉，好在對方沒有計較，轉身走了，但是小南卻仍然非常生氣。

小宇很生氣地說：「如果你再鬧，我們就分手。」小南這才安靜下來，跟著小宇離開了。但是在路上，小宇聽到小南一直在嘟囔：「我的男朋友誰都搶不走……設圈套也沒

用，我不會讓你得逞的！」那一刻，小宇突然覺得有點害怕。

在後來的相處中，小南變本加厲，要求小宇一直陪在她身邊。如果小宇沒有像她想的那樣立即出現，小南就懷疑小宇又去和其他女生聊天了。即使小宇處處以小南為主，她還是不滿意。小宇實在受不了了，於是提出了分手。

他的生活非黑即白

小南的內心一方面渴望被愛，另一方面又充滿了恐懼。她希望小宇是自己的私人物品。一旦小宇做了一點不順自己心意的事情，小南就會無休止地猜疑，無論對方怎麼解釋，她都堅持認為自己的想法是對的。

因為她害怕被否定，害怕被拒絕。她只有把這份親密關係牢牢地抓在自己手中，才會有一點安全感。她總是糾結於過去的事情，過去的事情會在她心中生根發芽。她會無休止地怨恨。小南具有典型的偏執型人格特徵。

偏執型人格的愛情藍圖：在愛中懷疑

一方是偏執型人格的親密關係是什麼樣子的呢？

「這世上沒有一個好人」，這就是偏執型人格者眼中的世界。在他們看來，他們的身邊全是陰謀。當然，他們並不是喜歡對別人耍心機，而是總覺得別人要害自己。他們會把自己置於想像出的危險之中，會把全部的精力都放在「防禦」上，這導致他們無法專心工作、學習、生活。

在親密關係中，他們時刻處於戒備狀態。偏執型人格者不認為別人會無條件地愛自己，甚至一部分偏執型人格者還會覺得對方在圖謀什麼。對方不經意的舉動都會使他們認為對方是在針對自己。因此，他們為了防止自己被別人傷害，總會先假定周圍的所有人都懷有惡意。

他們認為自己只有時刻戒備才不會受到傷害。但他們沒意識到的是，這種做法會使自己

非常壓抑、沮喪和焦慮。

《明天別再來敲門》的主角是一個古板、固執、憤世嫉俗的怪老頭。半年前，他深愛的妻子索尼婭因病離世，三週前，他又被工作了四十三年的公司辭退了。他每天早上仍按時起床，然後在社區巡邏——他會擺好人們亂放的自行車，記錄違規停車車輛的車牌號，檢查人們是否按規定將垃圾分類了，咒罵在草坪上亂尿的狗，驅趕闖入人行道的汽車。

這個不苟言笑的高個兒老頭強硬地維護著「世界」的秩序，鄰居們偷偷叫他「來自地獄的惡鄰」。當然，他也對那些亂堆垃圾、家裡連工具箱都沒有的鄰居們嗤之以鼻，他說：「這個世界簡直愈來愈不像話了。」

刮淨鬍鬚，穿好衣服，整理好房間，這位在妻子離世後就與外界絕緣的偏執狂決定與世界告別。然而，六次精心策畫的自殺無一例外地被意外打斷了，也正是這些「小插曲」，讓歐維感受到了脈脈溫情。

歐維的古怪性格與其成長經歷密不可分。他八歲時，肺病奪去了他母親的生命。他十六歲那年，父親在車站為歐維出色的考試成績而歡呼雀躍時，被突然闖入的「死神」列車撞飛了。

禍不單行，失去親人的歐維被同事排擠，他的房子在火災中化為灰燼。一無所有的他以

如何擁抱一隻刺蝟

為自己不會再受到命運的眷顧了，直到他遇到了索尼婭。索尼婭漂亮、迷人、熱情、開朗，總是對一切懷揣著熱情。然而，一場車禍卻使他們失去了孩子，也讓索尼婭的雙腿喪失了行動能力。

索尼婭安慰不堪打擊的歐維：「要麼死去，要麼努力地活著。」索尼婭就是歐維的世界裡那抹絢爛的彩色。他太珍惜與索尼婭的相遇和相守了，那段日子美好得讓他難以再觸碰愛、相信愛。然而，真誠、熱情的新鄰居帕爾瓦娜一家、老朋友魯尼、跑到他家借住的年輕人，以及那隻賴在他家裡的小野貓，似乎打開了歐維的心門。

在故事的最後，歐維放棄了他的自殺計畫，開始享受被「毛手毛腳」的朋友們「麻煩」的時光。在這部電影裡，偏執的背後是柔情，這個怪老頭終於和自己和解了。

偏執型人格的愛情寫真：心碎是常態

愛的背面是猜忌

偷偷翻看伴侶的簡訊、通話記錄、聊天記錄，私自刪除伴侶的異性朋友的聯繫方式，將伴侶與異性之間的一個眼神或一句話視作「出軌」的標誌……在親密關係中，偏執型人格者敏感而多疑，永遠不相信你對他的愛，永遠在無端地猜忌，無理由地懷疑。

一開始，你或許會認為他對你的猜忌只是代表他在「吃醋」，他太在乎你，太害怕失去你了，這是他愛你的表現。這種略帶醋意的爭執與打鬧給戀愛生活增添了不少樂趣。

但漸漸地，你會發現你身邊所有的異性朋友都會讓他生出危機感，他把每個人都看作自己的競爭者和假想敵。「你是不是出軌了？」「你到底還愛不愛我？」「你們都聊什麼了？為什麼聊了這麼久？」「他／她可不是什麼好人，你離他／她遠點！」……他趕走了你所有的異性朋友，你的工作和生活都受到了影響，你開始變得和他一樣，與其他人格格不入。

偏執型人格者極其警惕，對世界抱有敵意，這常使人覺得他不可理喻，難以相處。在沒有足夠證據的情況下，他們便懷疑伴侶會欺騙或傷害自己，**他們每天都在提防他人的「暗算」和「欺騙」。他們還會將別人無意或善意的行為，視為惡意的「陰謀」**。

●「錯誤」永遠不會出現在我的詞典裡

偏執型人格者很難客觀地分析他們遇到的問題，會片面地看問題，並藉此形成一套強大卻偏激的邏輯。在他們的世界裡，只有他們自己是正確的，你要做的就是順從——乖乖地聽他們的話。一旦你不順著他們，他們便認為自己遭到了冒犯，會立刻回擊。他們總想證明自己才是正確的那一方。

為了彰顯自己的聰明和與眾不同，偏執型人格者會無休止地爭鬥。他們常說：「我不是在和你抬槓，你說的本來就是錯的，我是在跟你解釋！」他們熱衷於反駁，會從你的每一句話裡挑出你的錯誤，而他們引發衝突的目的，並不是為了解決問題，而是為了贏，為了證明自己是正確的。

此外，**你會發現每次的爭執都以你道歉為收場**。偏執型人格者是不會承認錯誤或道歉的。

即使他們選擇在一些小事上道歉，他們也是以息事寧人、逃避問題的態度道歉。他們並不認為自己錯了，他們只是想讓事情盡快過去，他們的道歉更像是敷衍。

如果你不能很快地接受道歉，他們就會表現出「我都道歉了，你還要怎樣」的態度。

自己世界裡的國王

偏執型人格者往往自以為是，又常常固執己見。他們關閉了所有與外界的連接，只活在自己的世界裡。他們是自己世界裡的國王。在他們的世界裡，只有他們自己是對的，所有人都必須服從他們、討好他們。

作為「國王」，他們的控制欲極強，特別愛把自己的想法強加於人。在他們的眼裡，所有人都必須按照他們的想法行事。

在日常生活中，小到留什麼髮型、出門穿哪件衣服，大到旅行計畫、工作規畫、房屋設計等，你都要聽他們的，不然他們就會把自私、不懂事的帽子扣在你頭上，並認為你不能理解他們的感受，不能站在他們的角度思考問題，或者認為你故意和他們作對。

此外，偏執型人格者總是會對他人的行為進行惡意揣測，並肆意地向你表達他們的想法，而你只能附和。

如何擁抱一隻刺蝟

● 對善意視若無睹，對惡意心懷怨恨

在親密關係中，偏執型人格者總是認為對方對自己的好是理所當然的。**他們用愛「捆綁」你，要求你為他們付出**。過節時的禮物、生活中的照顧、陪伴，在偏執型人格者看來再正常不過了，是他們對伴侶的基本要求。

對於伴侶的付出，他們總是坦然接受，卻很少回報。但這往往會使對方感到疲憊，因為感情不是一方「哺育」另一方，感情需要兩個人共同維護。

當戀愛中雙方的付出不對等時，付出較多的一方，就會愈來愈理性地看待這段關係，也會變得有些消極。而當戀人稍稍表現出懈怠或敷衍時，偏執型人格者就會認為對方對自己失去了耐心，認為對方「不愛了」。他們會把往日對方對自己的好全部拋在腦後，只計較眼前的「損失」。

同時，偏執型人格者會一直對傷害過自己的人心懷怨恨，他們無法釋懷。即使對方道歉，他們也很難做到真正原諒。就這樣，偏執型人格者把自己關進了恨的囚籠。

● 自命不凡，卻又極度自卑

偏執型人格者的性格是矛盾的，這可能與他們童年時期的經歷有關。一方面，如果他們的想

法得不到旁人的認可和關心，他們的情感需求得不到滿足，他們就會陷入自卑的情緒中，會在與別人的比較中，放大自己的不足和缺陷，繼而否定自己，認為自己不如別人。所有的負面評價都會導致其內心出現激烈的衝突。

另一方面，正是這種強烈的自尊心給了偏執型人格者前進的力量，他們總認為自己和別人不一樣，並且堅信自己在事業上一定能「有所成」。他們的很多行為和想法，以及他們對目標的執著追求，往往不被世人理解。

但無論是自視過高，還是極度自卑，都反映了偏執型人格者對自身的能力認識不足，對自我形象不認同。尤其是當他們沒有得到他人的認可時，原有的優越感會突然消失，他們會產生強烈的失落感和自卑感。

愛上偏執型人格者：與猜疑共處

愛上偏執型人格者就好像是進入了一場互相猜疑的遊戲，與他們相愛，往往令人疲憊。

一位女士曾這樣回憶偏執型人格的前任：「他就像一顆酒心巧克力，剛入口時的甜讓人迷醉，糖衣裡面的酒卻濃烈得燒喉。」偏執型人格者敏感、多疑、嫉妒心強。他們是個矛盾體——一面渴望被愛，渴望得到戀人加倍的呵護和疼愛，以便從中獲得存在感，一面又不斷地懷疑戀人的愛的真實性。

偏執型人格者的愛是不信任的愛，強大的自尊心和嫉妒心，令他們的戀人在戀愛中如此不安，這樣的愛就像是一瓶變質的橘子汽水——人在剛得到時，滿心歡喜，但細細品嘗後，卻發現酸苦難耐。

在與偏執型人格者戀愛的初期，你滿心歡喜，以為你就是他的全部。他每天都圍著你，似乎要對你講盡這世間所有的甜言蜜語。他就像一隻蜜蜂，耀眼的黃色代表他的熱情，而

偏執型人格的愛情

你就是花園中唯一映入他眼簾的嬌豔欲滴的玫瑰，「嗡嗡」的情歌，他只唱給你聽，沁人心脾的蜂蜜就是你們的愛情證言。這種感覺使你沉醉。

隨著戀愛甜蜜期過去，你會慢慢發現他又像一塊巧克力，甜味退去後是微苦的回味。在享受過你給予的愛後，偏執型人格者開始覺得你極其重要，但是他並不會因此而加倍愛你，因為**這份愛刺激了他內心的不安，於是猜忌的大門打開了**。

他裝作一副對你無欲無求的樣子，但他的內心卻充滿猜忌——他看你的手機，追蹤你的行程，一旦你沒有主動滿足他，他就會抱怨：「看吧，你果然是不愛我的。」他懷疑你對他的所有愛都是虛情假意，甚至懷疑你出軌。

於是，他不斷地挑起事端。你的憤怒點在哪裡，他就往哪裡戳。他不停地測試你對他的容忍度，挑戰你的底線，檢查你的忠誠度。偏執型人格者在這場猜疑式的戀愛中，就是操縱全場的遊戲贏家，你對他的溫柔都被他看作阻礙他贏得遊戲的威脅。你為了和一株長滿刺的仙人掌繼續相愛，強迫自己進化出厚實的皮膚和不敏感的痛覺。

與偏執型人格者度過漫長的戀愛歲月後，你才逐漸明白，自己在他眼裡只是一個外人。他最愛你的時候，就是他剛認識你的時候，此後，愛一路下滑。這時的你，似乎明白了那句話：「我把你當成我自己來喜愛，你把我當成你自己來厭惡。」

偏執型人格者在分析事情時，習慣從投射性認同的角度出發。**相戀的時間長久了，他會在**

如何擁抱一隻刺蝟

你身上發現他自己的缺點。因為發自內心地承認自己的錯誤會令他崩潰，所以他需要把這種來自內部的負面東西外化到你的身上，因此**你在他心裡逐漸從戀人變成了憎恨的對象**。

他無理由地懷疑你的忠誠度和可信度。作為他最親近的人，你被傷害得體無完膚，卻毫無辦法。

理解他：
對他人缺乏信任

偏執型人格者總是認為別人對自己有惡意，所以他們**典型的人格特徵是猜忌他人**。他們很少與別人親近，他們擔心自己分享的資訊會遭人利用，擔心別人會對自己不利。他們常常心存怨恨，很難與人建立一種深層次的親密關係。

事實上，偏執型人格與自戀型人格很相似，其區別在於自戀型人格者擔心的是針對自我概念的攻擊，因此他們會表現出強烈的優越感；偏執型人格者則總感覺別人會攻擊自己。與此同時，偏執型人格者有時會有被害妄想，而且這種妄想會被投射到自己的戀人身上，其**本質是安全感匱乏**。

偏執型人格者有一套非黑即白、不可撼動的原則，以及自動化的負面思維方式，例如「戀人並不是真心愛我」、「戀人不值得依賴」、「如果這份感情失敗了，我的人生就完了」。

如何擁抱一隻刺蝟

通常，偏執型人格者成長於社交隔離的家庭，其家庭中常常有「他人即地獄」的觀念。他們的生活往往充滿競爭，他們要麼認為學業有成是唯一有價值的事，要麼認為被人擁戴是唯一有價值的事。

他們較少合作，總是懷疑別人在欺騙他們，因此偏執型人格者常常猜測別人的意圖。他們的朋友較少，愛好也較少。他們有這樣一些關於自己的念頭：「我無趣」、「我不可愛」、「我沒有價值」、「我沒有可以分享給別人的東西」；關於戀人，他們總覺得戀人只是表面上對自己好，「其實內心沒那麼喜歡我」。**他們需要溫暖和溫柔化解內心的執念。**

他們對來自戀人的善意不那麼敏感，反而對來自戀人的批評充滿敵意。因此，他們一般會認為：「如果我很優秀，我就是有價值的；如果我不成功，別人就會欺負我；如果我保持警惕，我就能保護自己；如果我讓別人接近我，他們就會占我便宜；如果別人覺得我軟弱，他們也會占我便宜。」

他們的優秀對戀人極具吸引力，但隨著親密關係向深層次邁進，他們與戀人之間始終隔著他們的猜忌。

他們有些先入為主的觀念，例如對所有人都不能全然信任。他們傾向於對訊息進行選擇性的注意，傾向於對模糊的訊息進行負面解讀。

與偏執型人格者相愛特別辛苦，因為他們很難和他人建立真正的親密關係。

如何與偏執型戀人相處？

卸下盔甲

你有沒有發現你的戀人有時很體貼，有時又很狂躁？偏執型人格者的行為顯得有些古怪，他常常給人留下喜怒無常的印象。當他認為你很貼心時，他也會顯得很體貼、很溫柔；當他的內心變得充滿猜忌時，他就會表現出暴躁的一面。他經常經由一些極端的方式來驗證你對他的愛，有時這種方式會危及雙方的生命安全。

你是不是覺得這樣的感情很危險？但是在大多數情況下，他們的初心是想保住這份感情。他們只是在經由不斷的試探來尋求安全感。所以，如果你愛上了偏執型人格的他，你不妨試試以下方法，或許這些方法會讓你和他在愛情路上走得更加長遠。

1尋找「荒誕」背後的真實

「我是你的戀人，我難道沒有權利管你嗎？」

有偏執型人格傾向的人有時意識不到自己身上的問題，卻總把原因歸咎於他人。你有沒有注意到你的戀人上一秒還在心平氣和地與你交談，下一秒就大怒？他內心的不安全感、敏感和多疑，都是他不穩定情緒的來源。他常常把別人的行為和態度當作挑釁。他總是固執地堅持自己的看法，認為別人不站在他的立場上思考問題。

作為他的戀人，**你可以仔細觀察戀人的偏執行為的前兆是什麼，然後經由總結這些事件的相關性，探尋讓伴侶變得暴躁的點究竟在何處**。

你是不是有時候不知道自己究竟錯在哪裡？其實，有時候你並沒有做錯，是你戀人的多疑在作祟。你可以嘗試平心靜氣地與他溝通，但是當你的安全受到威脅時，你要大膽說「不」，及早遠離。

2 分散注意力，鑽出牛角尖

「我不聽，我不聽，你說啥都沒用。」

偏執型人格者有時會鑽進牛角尖出不來，無論別人對他說什麼，他都不會聽。他的思考邏輯是：「不行，我一定要把這件事弄清楚。」擁有這樣一個戀人的你或許有些「頭痛」。

當他對一件事情過分「專注」時，你可以試著分散他的注意力，盡快讓他們從這個漩渦中抽離出來，例如請朋友到家中作客，讓他參與集體性的活動。與朋友的交流可以轉移他的注意力，讓他緊繃的神經變得放鬆一些。

此外，你也可以邀請戀人做一些他感興趣的事情，讓他意識到你是關心他的，從而安撫他脆弱、多疑的心。有時，他表現出來的「古怪行為」只是他驗證你的愛的方式，你應該關心他的這些行為背後的原因。

你可以主動採取一些措施，給他溫暖，從而改變他的心理狀況。

3 以退為進，避開引爆器

「我怎麼可能會錯？一定是你錯了！」

「你會不會利用我？」「你今天和誰出去？你什麼時候認識他？你為什麼不告訴我？」「你是不是馬上就要離開我了？」……對此，你是不是感覺很窒息？當你的伴侶陷入這種偏執性情緒時，你需要一顆強大的心臟。**不要急著爭辯，也不要試圖糾正他的觀念**，因為他會對你的話充耳不聞。

他為什麼一定要向你證明自己是對的呢？可以說，他是為了「槓」而「槓」，他希望經由「槓」來引起別人的關心與重視。因此你不回應，讓他的那些還沒來得及說出口的話就此消失，就是對他最大的懲罰。

等他的心情平復後，你再選一個適當的時機表達一下你的感受。例如，你的戀人說：「你是不是出軌了？你是不是不愛我了？」聽到這些話，你一定非常失望、生氣、委屈，但是請控制自己，因為如果你在這個時候爭辯，他只會認為你在找藉口。你可以等到第二天約他吃飯，在飯桌上告訴他：「昨天我聽了那些話後真的不好受，因為我一心一意地愛著你。」這時候，他可能已經從偏執性情緒中走出來了，也更能意識到自己的問題。

其實在衝突發生時，任何人都不願意被對方一味地指責。因此，在不涉及原則性問題的前提下，你可以抱著「有容乃大」的心態，在當下先不要直接對抗。另外，偏執型人格者在得不到自己滿意的話語時，很容易衝動，因此**以退為進也是一種保護自己的策略**。

4尋找關係最優解，卸下他的盔甲

「這個Y值到底該怎麼解出來？」

和偏執型人格的戀人相處，就像在解一個多元一次方程式。那麼這些「元」有哪些呢？

這些「元」就是包容、真誠、信任。

包容他的斤斤計較。你選擇了開始這段親密關係，這就證明他一定有他獨特的魅力，那麼這份偶爾爆發的偏執就是他身上可以被包容的缺點。如果你能和你的偏執型伴侶相處得很好，那麼你在生活中一定可以和其他人都相處得很好。

以誠相待。正因為偏執型人格者不輕易相信別人，所以作為伴侶的你更要真誠地對待他。**坦誠地面對彼此，可以使無故猜忌引起的爭執減少很多**，例如你可以將「我和朋友出去玩了」換成「我和ＸＸＸ去大莊火鍋店吃飯了」，這可以讓他感受到你並不是在敷衍他。

信任他的愛。雖然他有點偏執，但他並不是個「瘋子」，他選擇了你，這就說明他已經對你產生了與眾不同的「信任」。比起其他人，他更願意讓你走進他的生活。

假如你是偏執型人格的刺蝟

偏執型的刺蝟滿身是刺，一旦他人侵入他的領地，他就會豎起這些刺，並將刺伸向對方。隨著關係愈來愈親密，他的刺會開始傷害無辜的伴侶。偏執型人格者以「萬事皆存疑」的態度對待戀人，極易將親密關係帶入猜忌的沼澤。

1黑白之外，還有灰色地帶

偏執型人格者往往會被自己的執念困住，執著地追求自己理想中的「理」。起初，愛情中流動的情感、溫柔的目光、甜蜜的表達對你來說都是一股暖流，然而雙方進入深層的親密關係後，**你開始期待「絕對」的忠誠和「毫無保留」的坦誠，這對很多人來說都是難以接受**

的。你需要學習接納與自己不一樣的色彩、不完美的彼此和不那麼「正確」的世界。

2積極的自我暗示

偏執型人格者在親密關係中總顯得特別辛苦，你要相信戀人間的磕磕絆絆是雙方給彼此留下的相互學習、相互適應的機會。而猜忌這根刺會直指伴侶的心，刺扎得久了，可能就再難拔出了。你要給自己一些積極的暗示，嘗試弱化自己想對抗的心理，例如，「小事一樁」、「我要試著相信她」。

當你「妒」火中燒時，請試著按下暫停鍵，學著轉換頻道。這個過程可能很漫長，但你只要啟程，終會抵達彼岸。當你發現自己陷在偏執性情緒中時，請及時讓自己從當下的環境中抽離出來，你可以經由唱歌、看電影或踢球來排解自己的衝動情緒。

3擴充自我認知，體會不偏執之美

偏執型人格者往往也特別招人喜歡，因為他們最初表現出的百折不回的執著往往能感動對方，而且偏執型人格者有一往無前的積極心理。如果你能夠從非黑即白、絕對化的視角中探出頭來，適當地收斂自己的刺，你將獲得親密關係的溫暖，以及事業的發展。

4 偏執型刺蝟的知心戀人

只有持續的經營才能使愛情蒸蒸日上。當兩隻偏執型刺蝟碰撞在一起時，雙方都會在自我的牛角尖裡鑽來鑽去，互相猜忌，感覺棋逢敵手。愛上這種角逐的結果是雙方遍體鱗傷。真愛就是兩個人即使有刺，仍舊試著不斷靠近，試著擁抱彼此藏在心底的愛。

偏執型人格者的療癒伴侶往往有顆「大心臟」，能對你所有的「偏」「視而不見」，這本身對偏執型人格者就有療癒的作用。不爭執、不計較的「大女人」或者「大男人」，會使這段親密關係愈走愈順。

戲劇推薦：《戀愛的犀牛》

《戀愛的犀牛》是一部由先鋒戲劇導演孟京輝執導的舞台戲劇，於一九九九年首演。男主角馬路是一名年輕的犀牛飼養員，他無可救藥地愛上了女鄰居明明，並堅信明明是屬於他的。然而，明明並不愛他。為了博取明明的歡心，馬路綁架了明明，並殺死了心愛的犀牛。

主角馬路在面對愛情時，就像犀牛一樣盲目、衝動、不顧一切。他明知明明的心中愛慕著藝術家陳飛，卻還是認定明明是他今生的摯愛。在他寫給明明的情詩中，他毫不掩飾自己的瘋狂：「一切白的東西和你相比，都成了黑墨水而自慚形穢，一切無知的鳥獸因為不能說出你的名字而絕望萬分……」他一次又一次地為明明做出改變，卻始終徒勞無功，「不愛」已經是一切的答案。然而，馬路依舊沉浸在自己的世界裡。

他當然想過放棄，但放棄會給他帶來更多痛苦，這樣一段台詞是他心情的真實寫照：「也有很多次，我想要放棄了，但是它在我身體的某個地方留下了疼痛的感覺，一想到它

如何擁抱
一隻刺蝟

會永遠在那裡隱隱作痛，一想到以後我看待一切的目光都會因為那一點疼痛而變得了無生氣，我就怕了。愛她，是我做過的最好的事情。」他自以為自己的愛情和別人不同，自以為他愛的這個女人和所有的女人不一樣。這種自命不凡的想法恰恰證明了他的偏執。正如馬路的朋友所言，「過分誇大一個女人和另一個女人之間的差別，在人人都懂得選擇明智的今天，算是人類中的犀牛——實屬異類」。

戲劇中的馬路帶著無法控制的偏執表達著自己的情感，他將自己的獎金給了明明，甚至取出犀牛圖拉的心給了明明。他的偏執讓他落入對明明的癡迷的漩渦中，無法自贖。

第四章

強迫型人格的愛情

強迫型人格的愛情

強迫型的刺蝟的刺非常整齊，他不能忍受一絲凌亂。

案例：完美的懲罰

男主角的視角：理想的愛情就是做正確的事

張爍是一個非常自律的人，每天早上五點三十分起床，花十分鐘的時間洗漱，再外出運動五十分鐘。運動結束後，他在六點三十分回到家，花半個小時吃早餐，在七點準時出門上班。無論是颳風還是下雨，每天都是如此。

他有良好的生活習慣，從來不做自己認為不正確的事情。他從來不沾菸酒。在生活中如此自律的他，在工作中更是一絲不苟。經他處理的檔案從未出現過錯誤，即使是一個標點符號的錯誤。與同事相處時，張爍樂於給同事提出建議，並幫助他們像自己一樣完美地完成工作。即使在公眾場合，他也會直言不諱地指出同事的錯誤。

無論是在工作中，還是在生活中，張爍對自己的要求都非常嚴苛，優秀的他讓周圍的許多女性都對他產生了好感，尤其是他的同事小娜。在被張爍幫助過多次後，小娜覺得張爍是一位非常有擔當、有責任感的男士，正是自己理想中丈夫的模樣。

某天下午，小娜向張爍表白了。但是，出乎許多人意料的是，張爍拒絕了這位「全公司男士心中的女神」，而拒絕的原因僅僅是他不想在公司附近找對象，而「附近」的標準是「與公司的距離小於五千公尺」。無論對方多麼優秀，他也不會改變原則。

同事問他原因，他說：「兩個人在同一家公司工作會打亂我的工作計畫，而且辦公室戀情是不道德的。」

後來，張爍結婚了。他的妻子李麗是距離公司五千一百公尺的一所小學的語文老師。婚後的張爍是別人眼中的完美丈夫。他主動承擔家務，每天晚上七點準時打掃。張爍打掃完後，兩個人外出散步半小時，「這有助於加強溝通，深化夫妻感情」。

家裡每週開展一次大掃除，所有的家具、家電都要一塵不染。在外面，張爍也是一個非常有原則的人，他謹記自己已婚男士的身分，拒絕任何異性的示好，即使對方是在開玩笑，張爍也會義正辭嚴地拒絕：「我是有家室的人。」

張爍覺得自己非常「完美」地扮演了丈夫的角色：努力地工作；主動做家務；不抽菸、不喝酒、不應酬；堅持運動，保持著完美的身材；準時出門上班，下班後準時回家；每天都有固定與妻子獨處的時光；道德感極強。李麗嫁給他應該是非常幸福。

女主角的視角：我好像嫁了個機器人

李麗前段時間結婚了，她特別開心，因為她嫁給了自己喜歡的人。朋友調侃她：「張爍真的那麼好嗎？」李麗很認真地回答：「是的。」

在認識張爍之前，李麗從未見過這麼優秀的男士。他非常自律，每天堅持早睡早起，堅持運動；他非常有責任心，每項工作，他都會出色地完成；他很細心，兩人一起外出時，張爍總能注意到很多李麗沒留意的事情；他時間觀念很強，每次都能準時赴約。這一切都讓李麗非常崇拜他，對他的好感也與日俱增。

然而，兩人結婚後，隨著相處的時間增多，李麗發現這些曾經讓她生出好感的優點變成了負擔。張爍非常自律，婚後他便要求李麗和他一樣自律。他禁止她睡懶覺、吃零食，甚至不讓她在「非休息時間」躺在床上。李麗上了一週的課後，感到非常累，她想在週末的時候放鬆一下，但是張爍卻不允許。在他看來，妻子李麗就是在偷懶。

張爍的確是一個非常有原則的人，但與他相處得愈久，李麗愈覺得他固執己見。他認為安排好的事必須得到嚴格的執行，例如兩人每天晚上必須在六點三十分準時吃晚飯，他覺得即使晚吃一分鐘，也會對身體造成損害。

因為張爍承擔了每天晚上七點打掃的責任，所以李麗負責做晚飯。如果李麗因為工作做晚飯稍晚了一些，導致他錯過了往常吃飯的時間點，張爍就會非常生氣，非常暴躁。他會對李麗進行「批評」，甚至全盤否定李麗在婚姻中的付出：「我已經承擔了這麼多家庭責任了，你難道連晚飯都做不好嗎？」李麗覺得張爍太嚴肅、太僵化、太完美主義了，而且這份完美主義不僅僅是他對自己的要求，也是他對他身邊人的要求。

張爍的嚴格要求讓李麗身心俱疲，而更讓李麗傷心的是丈夫好像完全不能理解自己，而且非常冷漠。每當李麗因工作中的問題向丈夫抱怨時，等待她的不是丈夫的體貼與安慰，而是對方冷漠的回答：「如果你工作不順心，那你就不要工作了。這不是很簡單的事情嗎？」

有一次，李麗班上的學生出了車禍，李麗非常擔心，張爍卻說：「他出車禍是因為他走路的時候沒有安全意識，沒有及時避讓車輛，這是他自己的錯。」李麗非常生氣，她想不通自己的丈夫怎麼會說出這麼冷漠的話，於是她抱怨了幾句。而張爍卻立刻打斷了李麗的抱怨，與李麗爭執起來。他完全不考慮對方是自己的妻子，只是一再地強調自己的想法才是正確的。

每個妻子都希望自己的丈夫是體貼的，這種體貼不僅僅表現在分擔家庭瑣事上，更表現在感情上的愛護與陪伴上。但是對李麗而言，她的丈夫就像機器人一樣，嚴格地執行著自己的指令，沒有感情。

張爍在婚前的所有優點在婚後都變成了李麗的煩惱。李麗不明白，明明是同一個人做著同樣的事情，為什麼他帶給自己的感受卻完全不一樣了？到底是哪裡出了問題？

婚姻應該如此「完美」嗎？

其實在生活中，和李麗有同樣煩惱的人很多——自己的另一半在外人看來是非常優秀的丈夫（妻子），但是自己卻感受不到幸福。

在張爍與李麗的故事中，張爍對自己要求嚴格，他對李麗也同樣嚴格。他把生活和工

作安排得井井有條，他希望自己的妻子也能夠按照他的計畫行事，有時一點點的差別就會使他變得非常暴躁、不安。

婚前，李麗覺得張爍是一位非常優秀的男士，他有進取心、有責任感、有原則，她被他的「完美」表現吸引了。而婚後，她卻承受著這樣一段看似「完美」實則非常辛苦的婚姻。這就是與強迫型人格者相戀、相處的體驗。

如何擁抱一隻刺蝟

強迫型人格的愛情藍圖：愛的世界只有完美

一方是強迫型人格者的戀情是什麼樣子呢？大多數人的身邊可能都有這樣一種人：他看上去特別完美、友善，但你覺得他／她總是拒人於千里之外。你覺得他在說話時有理有據，在做事時一絲不苟；但你也會覺得他不近人情。與這樣的人做朋友，你會感受到他的正義感和進取心，你可能會想像他一樣成為一個「優秀」的人。但在親密關係中，他卻好像變了一個人——他不懂溝通，控制欲極強，只喜歡以「自己的方式」做事。他往往缺少對自己和伴侶的情緒的感知，所以在伴侶面前一般表現得很冷漠，這會造成雙方在感情交流方面出現困難。

用自己的標準評判他人是強迫型人格者的主要社交缺陷之一，這導致他們無法與別人建立情感聯繫。

在親密關係中，他們會根據自己的「黃金標準」對另一半做判斷。對方的性格等每個方

面都要經過他們的嚴格審查，任何「缺陷」，無論多麼微不足道，都會被他們無限放大。強迫型人格者這種追求「完美」的行為會導致親密關係中的雙方摩擦不斷，也會引發雙方的負面情緒和怨恨。

每當強迫型人格者察覺到對方「錯誤的」行為或習慣時，他們就會不停地思考這件事，並想盡辦法迫使對方改變自己的行為或習慣。

在這一點上，強迫型人格者非常固執，他們的這種行為會使對方感到壓抑。時間久了，親密關係中的另一方會生出疲憊、不快和挫折感，這會導致親密關係終止。

有時候強迫型人格者會因為害怕犯錯而表現得特別順從，他們會壓抑自己的情緒，以避免自己犯錯。但由於他們沒有合理地表達自己的想法和欲望，這些想法和欲望很有可能在事後以埋怨或憤怒的形式爆發。

強迫型人格的愛情寫真：
我的愛是正確的

● 追求的「完美關係」並不完美

「我的伴侶必須是完美的！」

強迫型人格者的主要特點——「完美主義」，在他們的日常生活中體現得淋漓盡致。從選擇伴侶到為自己乃至伴侶做職業規畫，強迫型人格者都極力追求完美。他們往往會認真地考慮所有可能的選項，分析每個選項的利與弊，因此他們極易陷入選擇焦慮中——他們很難做出決斷，常常因為拖延錯失良機。

在追求完美的親密關係時，強迫型人格者往往會經由不選擇來讓多種可能性保持開放，他們可以藉此獲得某種控制感。由於對「完美主義」的病態追求，他們苛刻、挑剔、拙於變通，也不敢探索未知的生活領域。這限制了他們的幸福感和個人發展。

不能被拒絕的他

「我是這樣做的，你一定也要這樣做。」

強迫型人格者往往責任感特別強，對自己要求嚴格。而一旦這種高標準出現在親密關係中，其對象就從自己變成了他人。

從日常物品的擺放到行止坐臥，從話怎麼說到事怎麼做，強迫型人格者往往會不合理地要求別人按照他的方式做，否則他們就會不舒服。他們常常對別人做事很不放心。

一切都必須在計畫內

在親密關係中，對規則和秩序的過度依賴令他們缺乏靈活性。他們不願意做那些不在計畫之內的事。如果你打亂了他們的計畫，他們可能會為此大發雷霆。要知道，在愛情中，「做事前必須先預約」的感覺並不好受。對待感情，他們顯得少了一些隨性。在絕對的紀律和約束下，強迫型人格者很難表現出柔情的一面。因此，他們的親密關係往往乏善可陳。

自我施壓，作繭自縛

在戀愛關係中，強迫型人格者往往會以「十全十美」的高標準要求自己。在外貌、學歷、收入等方面，他們都要求自己是中上水準。他們十分注重提升自身的能力，完善自己的處事方法，他們會努力塑造一種近乎完美、無可挑剔的形象。

不管是在戀愛時，還是在空窗期，強迫型人格者都會經由各種活動提升自己。他們不許自己在工作或生活中有任何失誤，希望經由努力工作，提高生活品質，這不可避免地會導致他們犧牲陪伴伴侶的時間。

雖然對自己要求嚴格可以使他們事業有成，但在情感生活中，這種自我施壓會帶來不利影響，因為**強迫型人格者會以同樣的標準要求對方**。

當對方的某一點讓強迫型人格者感到不滿時，或當對方在工作或生活中犯錯誤時，他們非但不會安慰對方，反而還會嚴肅地教育對方。

這會使戀人感到壓抑，而愛情的美好之處恰恰是雙方相互適應和相互包容的過程，過分嚴格、冰冷的相處模式，會使兩人之間的情感不足以支撐和維繫親密關係，這樣雙方都會感到很辛苦。

完美的「細節控」

注重細節的強迫型人格者往往能夠準確、迅速、有條理地完成工作，但是在戀愛關係中，強迫型人格者對細節的過分重視，會讓對方變得謹小慎微，生怕自己因為忽略了某個細節而讓強迫型人格者感到不滿。

強迫型人格者十分注重流程，對方如果不遵照既定的規矩或流程做事，就會被強迫型人格者要求重做。日常用品，如衣服、飾品、書籍、家具等，都必須放在特定的位置上，保持整齊，甚至對稱；被子、毛巾等也必須疊放得整整齊齊，它們的存放位置也必須是固定不變的。一旦有人移動或弄亂整齊的床單，強迫型人格者就會感到十分痛苦。

部分強迫型人格者喜歡控制生活中的每個細節，連對方的活動狀態及心理過程，他們都要過問。有些強迫型人格者甚至苛刻地要求對方按照自己的目標、方法完成生活瑣事。他們沒有意識到，交往的意義恰恰在於共同做一些有生活氣息的事情，事事按照規矩反而讓彼此更加難受。

拘謹又呆板，難以表達情感

在戀愛關係中，強迫型人格者會有不安全感，他們往往會過分在意自己的行為是否正

如何擁抱一隻刺蝟

確、舉止是否恰當、自己是否會讓對方感到失望，他們的情感以焦慮、緊張、悔恨居多，輕鬆、愉快、滿意的時刻卻很少。

在與戀人相處時，他們很少能敞開自我，接納對方。**他們不會向對方表達自己的真實想法和情感，而是將其隱藏於內心深處。他們傾向於經由實際行動表達自己的情感**，但是他們「高標準，嚴要求」的特點以及在交流上的缺陷，往往會導致雙方之間產生隔閡。

強迫型人格者在生活中冷漠而嚴格，缺乏幽默感和靈活性，因此顯得特別死板，容易使對方感到不滿。

在處事方面，他們在處理事情時條理清晰，但不知變通，尤其是當突發情況出現時，他們可能會猶豫不決，不知所措。

愛上強迫型人格者：
你的存在就是錯誤

與強迫型人格者談戀愛需要勇氣，因為這意味著你要適應他的嚴格。強迫型人格者彷彿隨身攜帶一把尺，苛刻地衡量著生活中的一切。

在生活中，這類人並不難相處，因為他們非常自律，而且責任感和道德感極強，能夠把工作和生活都安排得井井有條。他們不喜歡給別人添麻煩，他們的正義感與進取心極具感染力。

但與他們談戀愛就不一樣了，強迫型人格者對自己的戀人也極其嚴格，你會因為必須時時面對強迫型人格的戀人的苛責而陷入緊張和焦慮之中。**強迫型人格者的思維模式起源於其童年及青少年階段，很難改變**。

與強迫型人格者相戀的初期，你會被他的「完美」深深打動。強迫型人格者總是對自己要求嚴格，在戀愛中，也是如此。

如何擁抱一隻刺蝟

他不會因為忙著打遊戲而忘記和你說晚安；約會時，他從不遲到；給你的承諾，他一定會兌現。如果你指著一束花說自己喜歡，下次約會時，他就會把這束花送到你手上，連花束的角度和外包裝的顏色都分毫不差。

工作上，強迫型人格者的邏輯思維能力很強，往往有較高的社會地位和較強的經濟實力。面對這樣一位體貼又成功的伴侶，誰能不心動呢？那麼，他的「完美」的背後是什麼呢？

生活並非非黑即白的二元世界，生活中有缺憾，有灰色地帶，**苦樂參半其實就是生活的真實樣貌**。強迫型人格者很難接受生活中的不完美，很難接受他們的「無能為力」。隨著戀情的逐步深入，你會逐漸發現，你們的感情像一鍋包子——剛出鍋時熱氣騰騰，但過沒多久就變得沒有一絲溫度了。

強迫型人格者做起事來按部就班，墨守成規，略顯刻板。在感情中，他們給人一種「機器人」的感覺，常常糾結於很多細節。你不明白，為什麼一件簡單的事情在強迫型人格者眼中竟會變得那麼困難。單調的重複耗盡了你的精力，你們之間的衝突也逐漸增多。

但強迫型人格者的思維並不像機器人那樣簡單，他們會不斷地給自己施加壓力，甚至會向另一半施壓。對細節和秩序的過度關心導致他們的思維方式和行為方式固化。

他們聽不進他人的建議，堅持用自己眼中的「完美標準」綁架另一半。例如，他要求你早上

六點必須起床，地板上不能有一根頭髮，床單上不能出現摺痕等等。這些要求看起來很簡單，但當所有這些事疊加起來的時候，它們會讓你不堪重負。

你經常處在被要求、被責怪的緊張狀態中，這種壓迫感讓你想逃離。而且很多時候，**強迫型人格者會執行「雙重標準」**——自己不能完成某些事，卻要求對方完成，這會讓雙方都非常痛苦。

理解他：難以容忍不完美

強迫型人格者的典型特徵是過度追求完美、過度關心細節，他們難以應對模稜兩可的狀態，也難以表達情感。但是**他們也有自律、嚴謹、堅韌、可靠等優點**。

心理學家西奧多・米倫認為，那些行為受到嚴格控制的孩子很可能形成僵化、追求完美的性格特徵。這樣的孩子成年後，會在自己擅長的領域有所發展，例如獲得學術方面的成就、獲得運動方面的成就，他們**希望以此避免父母的批評或懲罰**。由於過度關心某個方面的發展，他們在其他方面會表現得不那麼出色。他們對自己要求嚴格，對他人要求完美。

這樣的個體往往是在規則僵化的家庭中長大的，其父母可能也是強迫型人格。在這樣的家庭中，家庭成員極少自我表露，休閒活動匱乏。他們的內心住著一位評判家，這位評判家會隨時對他們的行為進行批評。

如何與強迫型戀人相處？

擁抱真實

你有沒有發現你的戀人是個「細節控」？他做事按部就班，不許自己出現一絲差錯。他覺得只有自己的做事方式才是正確的。在與這樣的戀人相處時，你是不是感覺很壓抑？如果你有上述感受，那麼你的戀人很有可能是強迫型人格。

強迫型人格者喜歡用自己的標準要求他人，希望別人和自己一樣把事情做到「完美」。他們之所以這麼注重細節，害怕出錯，是因為**他們對批評非常敏感，這與他們在童年階段受到的家庭教育密切相關，他們害怕因做錯事而受到批評**。

所以，如果你真的愛上了強迫型人格的他，你可以試著理解他的行為，尊重他的想法。以下方法，可能會讓你們的愛情之路更順暢。

1包容他的挑剔

強迫型人格者有完美主義傾向。只要規矩被打破，他們就會變得很暴躁。強迫型人格者在嚴格地按步驟做事時，並不會感到自己在強迫自己，而是感覺自己在做正確的事。

此外，強迫型人格者往往會不合理地要求別人也要嚴格按照自己的方式行事。例如，強迫型人格者會在你做家務時，不停地發表「意見」，「指點」你。其實這正是他追求完美的表現。

你可以根據他提出的意見適當地改進，對於一些自己覺得沒必要「改正」的細節，你可以忽略。

2學會換位思考

強迫型人格者之所以處處追求完美，是因為他們害怕受到批評，害怕自己因為不謹慎而出錯。你對戀人的看法會影響你們的相處體驗。**如果你只看到了他的控制欲與固執，你可能會忽視他的付出和善意。理解他內心的焦慮與恐懼**，認真感受他內心的善意會改善你自己的心情，也會對親密關係產生積極的影響。

因此，如果你的戀人在日常生活中有一些「奇葩」行為，你可以問一下自己或對方，為

什麼他會這樣做。試著理解他的初心，可以幫助你瞭解他。

3 獲取溝通密碼

強迫型人格者的吹毛求疵，很容易讓他人難以忍受。如果你的戀人是強迫型人格者，那麼溝通的藝術對你來說就非常重要。「良言一句三冬暖，惡語傷人六月寒。」想一想他人對你的指責。面對指責，你的心情如何？指責能讓人變得更好嗎？因此，和強迫型人格的戀人溝通的首要原則是，避免衝動。

另外，**在與強迫型人格者溝通時，你要謹記三個關鍵字：傾聽、直接、正向**。傾聽是指聽他的想法，瞭解他的思想，與他同理。直接是指你要直接向對方表達你的需求或疑問，因為強迫型人格者洞察他人需求的能力不足。正向指多向對方表達正向的想法和你對他的關心。

你可以在與對方交流時，盡量以「我」開頭，以積極的、正向的方式表達你的想法。例如，用「我好心疼，你加班到這麼晚」，代替「你為什麼這麼晚才下班」。少一些質問，多一些情感。你要讓他知道你對他的關心，久而久之，他就會變得更善於表達自我了。

如何擁抱一隻刺蝟

4 擁抱不完美的彼此

我們常常幻想自己的伴侶是完美的——他英俊瀟灑、風度翩翩；她貌美如花，上得廳堂，下得廚房。但是，哪有十全十美的感情呢？如果你的戀人是強迫型人格者，那麼這段關係會更加不易。作為伴侶的你，首先要接受他的不完美。

電影《溫暖的抱抱》中的男主角鮑抱是個生活以「秒」計的強迫型人格者。起床、洗漱、上班……他每天的生活都遵循著一個固定的模式。他渴望別人的關懷，渴望別人的擁抱，卻始終無法邁出那一步。在故事的最後，女主角宋溫暖用愛治癒了他，鮑抱獲得了最溫暖的擁抱。

愛不是萬能的，但一定是神奇的。如果你的伴侶是強迫型人格者，請你在關係中理解對方，同時讓他知道你的想法。兩個人**只有接納不完美的彼此，才能擁抱愛情**。

假如你是強迫型人格的刺蝟

強迫型的刺蝟的刺非常整齊，他不能忍受一絲凌亂。同時，他會用同樣的標準要求自己的伴侶。這隻刺蝟呈現給伴侶的是自己整齊而鋒利的刺，而不是他柔軟的心。

1 讓內心的規則鬆動一點

秩序或許會讓你暫時感到安全和滿足，但是你要知道，整齊的刺背後是你的焦慮和不安，是你對未知領域的恐懼，是壓力與痛苦。所以，**請放一放，停一停，想一想。這些「規則」是不是真的能讓你變得更好？**順其自然不僅能幫你為自己「鬆綁」，也有助於你與伴侶建立更優質的親密關係。

2學會與不完美相處

你總想把事情做得盡善盡美，你要求你的戀人也要如此。但是你忽略了一個問題，人生而不完美，無論是你自己，還是你的戀人。所以你要學會與「不完美」相處。

一方面，你要接納自己的不完美，告訴自己不要對細枝末節過度在意，這毫無意義；另一方面，你也要包容戀人的不完美，學會傾聽戀人的想法，而不是一味地讓對方按照你的要求做事。

3大膽地擁抱真實的愛戀

請從你給自己制定的框架中走出來，鼓起勇氣面對戀愛中的各種問題。假如伴侶為了給你準備生日驚喜而在約會時遲到了十分鐘，那麼遲到仍然是不可原諒的嗎？伴侶為了幫你分擔家務而打亂了物品的擺放順序，這真的值得你大發雷霆嗎？

一段好的關係需要雙方感受愛、理解愛、擁抱愛。那一點紅究竟是蚊子的血，還是朱砂痣？取決於你怎麼看。

4 強迫型刺蝟的知心戀人

兩個強迫型人格者的愛情可能會因為彼此心中的秩序世界千差萬別而衝突不斷，雙方都希望對方能按照自己的規則生活。

適合強迫型人格者的戀人應該具有極強的包容性、接納能力，以及同理能力，可以包容強迫型人格者的挑剔，能夠接納他為生活設定的框架，更重要的是，可以理解他這樣做的初心，並鼓勵他擁抱不完美的自己與他人。

走在成長路上的強迫型人格者，會因為戀人帶來的不一樣的風景和體驗而產生變化。

電影推薦：《艾蜜莉的異想世界》

電影《艾蜜莉的異想世界》於二〇〇一年在法國上映，由尚-皮耶・居內執導。電影女主角艾蜜莉古靈精怪，而男主角尼諾脆弱、敏感，機緣巧合下，兩個人走到了一起。而艾蜜莉在童年時期的遭遇和長大後的種種行為模式為我們展現了強迫型人格者的世界。

幼時的艾蜜莉與她的父母生活在一起，當醫生的爸爸喜歡大片大片地刮牆紙，喜歡將皮鞋一字擺開，再擦亮。當老師的媽媽不習慣被陌生人觸碰雙手，喜歡將地板擦得其亮無比，會把皮包裡的東西全部倒出來，再有條理地一一放回去。年幼的艾蜜莉在潛移默化中被影響著。在一次體檢中，爸爸拿著聽診器檢查艾蜜莉的心跳。面對極少擁抱自己的爸爸的突然親近，艾蜜莉心跳加速，卻被爸爸誤認為有心臟病。從此她開始了不能上學，只能在家裡和媽媽學習的日子。

但命運的玩笑終究還是開到了小艾蜜莉的身上，她的人生也迎來了第一次轉折。艾蜜莉跟隨媽媽到聖母院求子，兩人從聖母院出來時，一名自殺的遊客「從天而降」，不偏不倚

地砸在了媽媽身上。從此艾蜜莉只能與爸爸相依為命。

面對媽媽的離去，艾蜜莉的爸爸深感孤獨。為妻子修建的精緻、小巧的墓地，是他最後的寄託。

年幼時的經歷並未讓艾蜜莉的生活失去陽光。艾蜜莉說：「我喜歡尋找沒有人在意的事情。」她喜歡在電影院偷偷地觀察觀眾們的表情；去超市購物時，喜歡把手插進裝滿穀物的袋子的最深處；喜歡用湯匙尖敲破烤布丁的焦糖皮。在一個夜晚，艾蜜莉迎來了生活的第二個轉捩點。

她在不經意間發現了藏在牆磚後面的一個小鐵盒子，盒子裡面裝滿了小孩子喜歡的玩具。古靈精怪的艾蜜莉靈機一動，決定找到盒子的主人並將其歸還。

她告訴自己，如果對方深受感動，她就從此開始行俠仗義、幫助他人；若對方沒反應，她就繼續我行我素。

命運在向艾蜜莉傳遞陽光，經過多方打聽，艾蜜莉找到了盒子的主人——一名中年男子。她將盒子偷偷地送到了他的手裡，中年男子看到盒子後感動不已。艾蜜莉的「天使」生涯從此開始。「如果我注定孤獨，那麼我願意去愛全世界。」這句話是艾蜜莉人生的真實寫照。

艾蜜莉幫助了很多人。自閉的老人整日在家裡畫畫，他全身的骨頭如玻璃般易碎，艾蜜

如何擁抱一隻刺蝟

莉就把有趣的錄影帶拿給老人觀看；菜攤夥計總被刻薄的老闆欺負，艾蜜莉就給夥計出主意，捉弄老闆；咖啡店的女同事失戀了，艾蜜莉就幫她與一位經常來店裡的客人成了戀人；女房東懷念死去的丈夫，不能自拔，艾蜜莉就偽造了一封遲到的情書，幫她重新燃起對生活的希望。

後來，她遇到了尼諾。尼諾是個有小怪癖的男人，他會走遍城裡每個照相亭，收集那些被遺棄的照片，然後小心翼翼地拼好，整齊地貼在相冊裡。艾蜜莉精心設計了一系列計畫，幫尼諾解開了心結。最終，兩個人墜入愛河。

在故事的最後，艾蜜莉坐在尼諾的自行車後座上，畫面無比美好。

第五章

迴避型人格的愛情

迴避型人格的愛情

迴避型的刺蝟自卑，容易退縮，總喜歡縮成一團。

案例：愈靠近，愈恐慌

男主角的視角：愈親密，愈不安

劉宇與妻子王伊相識於一場同事聚會。其實劉宇並不喜歡這種場合，相較於和大家一起玩樂，他更喜歡獨處。但就是在這場聚會中，他見到了落落大方的王伊。她開朗、活潑，長相甜美。在那一刻，劉宇心動了。

一向不喜歡主動與他人交往的劉宇全程都在掙扎——「我要不要找她要聯繫方式？」「她會不會覺得我不可靠？」「她會不會排斥我？」「她會不會當眾拒絕我？」「可是如

果以後我們沒有機會見面了，怎麼辦？」……劉宇不斷給自己打氣，最終，他對愛情的渴望戰勝了他的恐懼。在聚會結束後，他鼓起勇氣找王伊，要了她的聯繫方式。

與王伊成為微信好友後，劉宇又陷入了焦慮之中，他不知道怎麼開始與王伊交流。幸運的是，王伊主動發來了訊息，原來她對劉宇也有好感。之後，兩個人時常經由微信閒聊，但是大多數時候都是王伊主動聯繫劉宇，劉宇簡單地回覆幾句。

劉宇有時候很自責，明明自己也很想與王伊親近，可一旦聯繫稍微密切一點，他就會覺得不舒服。他非常擔心，害怕王伊不喜歡拙於交際的自己。但劉宇很喜歡王伊，於是他強忍不適，繼續與王伊交往。

一年後，在雙方家長的催促下，兩個人結婚了。其實對於婚姻，劉宇有點抗拒。他好像很害怕進入親密關係。每當兩個人的關係更進一步時，他就會覺得不安，想遠離這段關係。

婚後，劉宇發現王伊愈來愈依賴自己，一點小事，她都要找自己處理。劉宇很生氣，他覺得王伊總向自己索取。兩個人常常因為一點小矛盾爭吵，大多數時間是王伊在表達不滿，劉宇的反應是要麼諷刺兩句——「你是不是很閒？你天天為這些小事浪費時間。」要麼冷處理——下班後不回家，自己找個地方待著。

劉宇覺得自己很害怕王伊依賴自己，因此他會本能地逃避對方對自己的愛。因為在劉宇心中，愛情都是自私的，所以不過分投入才是明智的。更讓劉宇難受的是王伊和他母親的關係，兩個人在劉宇和王伊結婚前，明明親如母女，如今竟成了敵人。兩人三天一小吵，五天一大吵。

每當自己的母親和自己的妻子爭吵時，劉宇都感到十分恐懼且不知所措——「我該怎麼做？」「為什麼一點小事就能讓她們吵起來？」……劉宇不知道如何面對這種場合，他只能看著她們爭吵，或者甩門而去。

女主角的視角：漸漸降溫的愛情

有一次，王伊去參加朋友的同事聚會，在聚會上，她第一次見到了未來的丈夫劉宇。成熟穩重的他在熱鬧的人群中顯得格外特別。入座後，大家聊得熱火朝天，他卻靜靜地吃著菜，偶爾被大家提到時，他就回應一下。

王伊有些心動，於是她悄悄地問了朋友他的名字，想著要不要找他要聯繫方式。讓她驚喜的是，聚餐結束後，劉宇竟然主動找她要微信號了。

兩個人成為微信好友後，劉宇卻一直都沒聯繫王伊。耐不住的王伊主動給劉宇發了個微信表情，過了一會兒，他回覆了。就這樣，兩個人聊天的次數漸漸多起來。

每次兩人聊天的時候都是王伊主動找話題，劉宇的話很少，回覆得也很慢，有時候甚至不回覆。但王伊沒在意，因為朋友說過，劉宇一向如此，話比較少。他在工作時認真、專注，在生活中很獨立，這些優點深深地吸引了王伊。

有時候王伊想，王宇沉穩，自己活潑，兩個人是完美的互補型情侶。一年過去了，雖然劉宇一直比較冷淡，但是王伊覺得劉宇是喜歡自己的。不久，在雙方父母的催促下兩個人結婚了。

對於結婚這件事，王伊發現劉宇有點抗拒。她問他為什麼，劉宇一直沉默不語。有一次，王伊又提起了這件事，劉宇表示，自己雖然喜歡她，但是不想結婚。王伊生氣地走了。事後王伊希望劉宇能主動找她道歉。可是，劉宇並沒有這麼做。

但是王伊從朋友口中瞭解到，劉宇最近在工作時總是一副心事重重的樣子，看起來心情低落。王伊忍不住又約他見面。最終，兩個人還是結婚了。

可是，婚後的生活並不像王伊想的那樣甜蜜。婚後，劉宇變得更冷漠了，對王伊若即若離。當王伊想靠近他的時候，他表現得很不耐煩，好像不太希望王伊進入他的生活。

如何擁抱一隻刺蝟

當王伊需要他的關心與幫助的時候，他只會冷漠地指責王伊：「這麼點小事，你都處理不了。」這讓王伊非常痛苦，她不明白，為什麼她的丈夫總想把她推開。

讓王伊更難過的是，每當自己與婆婆有衝突時，劉宇從不主動幫忙化解，總是毫無表情地站在一邊看著她們吵，或者直接逃離現場。因為這些事情，王伊和劉宇吵過很多次，但是劉宇總是逃避問題——要麼指責王伊，要麼冷落王伊。可是，一旦王伊有與劉宇分開的想法，劉宇又會表現得非常痛苦。王伊知道劉宇是愛她的，可是她不明白為什麼他總是不讓自己靠近。

想愛，又拒絕愛

劉宇愛王伊嗎？其實他是愛她的。劉宇的內心很矛盾，他渴望愛情，也希望能像其他人一樣成為妻子的依靠，但是每當妻子靠向他時，他又不由自主地迴避，因為他害怕被傷害、被拋棄——「如果我任由自己陷入這段愛情中，我會不會被拋棄？如果我被拋棄了，我該怎麼辦？」他的內心充斥著不安全感，因此在遇到問題時，他只能經由冷漠和逃離來迴避痛苦。他想經由拒絕親密來切斷自己的愛，以免留給別人傷害自

己的機會。

如果你的他也是這樣，那麼他很有可能和劉宇一樣，是迴避型人格者。

迴避型人格的愛情藍圖：逃離是主題

一方是迴避型人格者的親密關係是什麼樣子呢？有的人在親密關係中，表現得忽冷忽熱；當衝突出現時，他們總是用沉默應對。愛情中的他們顯得並不開心。那麼，這類人到底想不想要親密關係呢？其實他們的內心是非常渴望親密關係的。他們之所以迴避，甚至逃離，是因為其內心極度缺乏安全感，害怕負面評價帶給自己的心理傷害。

「自尊心很強，卻沒有自信」，是迴避型人格者的真實寫照。他們會有意或無意地在自己和對方之間築起一道牆，好讓自己免於承受親密關係中讓自己極度不舒服的部分。他們的恐懼和憤怒會一次一次地傷害愛他們的人，自卑且敏感的他們會不斷地把自己身邊的人推開。這導致他們的伴侶因為屢屢被忽視，甚至被拒絕而選擇離開。

一九〇〇年，在豪華遊輪的頭等艙裡，黑人水手丹尼發現了一名棄嬰，他為嬰兒取名

「一九〇〇」。從此，遊輪成了一九〇〇的家，大海成了他的搖籃。不幸的是，丹尼在工作時意外喪生，一九〇〇再次成了孤兒。

一九〇〇逐漸長大，成了聞名遐邇的海上鋼琴師，但是他卻從未下過船。小時候，丹尼曾對他說：「陸地上有大鯊魚，會吃人。」一九〇〇在大海與陸地間砌了一面心理城牆，船頭與船尾之間就是他的全世界，他也從未與別人形成過穩定而持久的親密關係。

小號手麥克斯深深為一九〇〇的才華折服，與一九〇〇成了知己。他多次勸說一九〇〇下船，但一九〇〇總回答：「我不羨慕陸上的生活。」

某天，臨時加入演奏的農夫告訴一九〇〇，大海的聲音是一種強有力的吶喊，是生命的宣誓。那一刻，一九〇〇的眼裡閃爍著從未有過的光芒，他也想站在陸地上，聽一聽大海的聲音。

一天午後，一九〇〇彈琴時，經由窗戶看到了一名美麗的女子，對她一見鍾情。一九〇〇在鏡子前笨拙地練習搭訕，但他仍舊不敢靠近那名女子。他在三等艙找到了那名女子，偷偷親吻了睡夢中的她。

在女子下船的那天，他面對著高樓林立、街道縱橫的城市，終究沒有勇氣與她一起下船，萬千心事最終僅化為一句「祝你好運」。在女孩離開後，一九〇〇十分痛苦，他想去找她。

如何擁抱一隻刺蝟

麥克斯的勸說和對愛情的憧憬打動了他，他最終決定下船，登上陌生的陸地。但當他走下舷梯，即將踏上土地時，他茫然地看著偌大的紐約市，凝視了一陣後，回到了船上。他對麥克斯說，他再也不下船了。

一九〇〇生於海上，長於海上，死於海上。最終，他和遊輪一起消失在海上。

一九〇〇身上具有迴避型人格者的「愛而不敢愛」的心理特質——與陌生人打電話，瞭解陸上世界的求知欲，想聆聽大海的聲音的好奇心，想觸碰愛、體驗愛的真性情，都沒有幫他戰勝內心的恐懼，他最終選擇了迴避。

迴避型人格的愛情寫真：

你前進一步，我倒退三步

渴望愛，又怕被愛灼傷

迴避型人格者是一群「永遠無法摘星星的人」。當這類人遙望星星時，他們會滿心歡喜地對著星星許願，希望自己能獲得愛情；但當他們真正靠近星星時，他們覺得星星是一塊巨大的隕石，隨時可能將自己砸得四分五裂。

親密關係中的迴避型人格者往往就是這樣，**他們不斷地在渴望愛與拒絕愛之間掙扎**。他們否認心中有愛，但他們仍渴望被愛。遇到令他們心動的人時，他們願意接近，並嘗試瞭解對方。

但當對方表示對他們也有好感時，迴避型人格者卻會變得猶豫，他們會不自覺地思考：「我真的值得這份愛嗎？談戀愛真的適合我嗎？」所以，即使迴避型人格者極其渴望擁有一段炙熱的情感，但其內心卻一直有個聲音：「我會受傷嗎？」

如何擁抱一隻刺蝟

一段關係愈是親密，迴避型人格者就愈想逃離，他們害怕感情會給他們帶來傷害，所以他們選擇不開始這段感情。這導致他們在建立親密關係方面始終存在障礙。

● 對拒絕敏感

迴避型人格者有顆脆弱而敏感的心。他們常常覺得自己低人一等或能力不足，對積極評價感到焦慮，對負面評價又非常敏感。

當他人對迴避型人格者的付出給予積極評價時，他們往往會顯得驚慌、焦慮、不知所措——「我真的那麼好嗎？我不值得你這樣對我。」而當其他人不贊同他們的觀點，或者對其進行批評、指責時，他們又會暗自傷神。

迴避型人格者往往很享受孤獨的感覺，喜歡沉浸在自己的世界。除了至親之外，他們往往沒有什麼知心人。對需要人際交往的活動或工作，他們總是能躲則躲。他們像是活在一座孤島上。

害怕衝突，逃避衝突

當戀人公開地表達憤怒時，迴避型人格者往往無動於衷，甚至會逃離現場。**出於害怕被拒絕、害怕遭受負面評價等原因，迴避型人格者在面對衝突時往往會顯現出「鴕鳥心態」**。就像鴕鳥在危急時刻會把頭鑽進沙子裡一樣，迴避型人格者往往畏懼衝突。他們一旦陷入緊張的氛圍中，就會不自覺地想退縮和迴避，卻忘了問題尚未解決。

處在悲觀情緒的深井

迴避型人格者的內心深處非常悲觀，這種悲觀的內在導致他們極易失望。迴避型人格者的主動接近是非常珍貴且脆弱的——一旦你沒有及時給予他們積極的回應，迴避型人格者就會認為，是自己的不足使你對他們置之不理，他們會否定自己。他們甚至會因此認為所有人都不喜歡自己，進而陷入悲觀情緒。

迴避型人格者的悲觀還體現在其處事風格上。他們不願意直接面對困難，總是誇大潛在的困難或可能的風險。他們總是在行動還沒開始時，就認為行動一定會失敗。

迴避型人格者一般心理素質較差，抗壓能力較弱，因此一點點挫折就會帶給他們沉重的打擊，使他們變得更加消極、悲觀。

童年時期的生活環境也與他們的人格特點有關。例如，如果一個人在童年期經常遭受父母的拒絕和責備，他就會不信任父母，這會導致他迴避所有的人際交往，封閉自己的內心。

自卑，害怕被批評

迴避型人格者對別人的負面評價過度敏感，能力不足與自卑形成了一個惡性循環。阿德勒在《自卑與超越》一書中寫道：「自卑並不可怕，它是促進你前進的動力，但若一個人擁有過深的自卑感，它就會讓你停滯不前，失去對生活的信心。」

在親密關係中，當迴避型人格者難過、痛苦時，自卑的情緒會阻止他向對方尋求安慰。他害怕對方的批評與指責，也害怕尋求安慰的行為會影響自己在對方心中的形象。所以他的第一反應不是向身邊人傾訴，或者做一些有趣的事轉移自己的注意力，而是**找個其他人看不到的地方「療傷」**。

如果問題解決不了，那麼就逃避吧，把這些傷害當成「祕密」藏起來。而這些傷害會慢慢累積，給內心造成更難治癒的創傷。

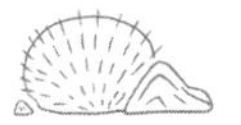

● 他的撒手鐧——「冷戰」

迴避型人格者的撒手鐧是「冷戰」。在親密關係中，一旦兩個人發生衝突，並且衝突的強度超過了迴避型人格者的心理預期，迴避型人格者就會在情緒崩潰之前逃離鬥爭，以減少自己的情緒波動。他們會像鴕鳥一樣，想把自己的頭埋進沙子中。

他們的這種處理方式在對方看來無疑是一種冷暴力。所以，當迴避型人格者遇到挫折時，他們性格中消極的一面就會顯露出來。在外人看來，他們只是有點孤僻，只有他們的伴侶才知道那種「寒冷」的滋味。

迴避型人格者之所以選擇逃避，是因為爭執與衝突帶來的負能量超過了他們的承受範圍，**他們迴避的是痛苦、煩惱和壓力**。

愛上迴避型人格者：與頭在沙中的鴕鳥相處

與迴避型人格者相戀的最直接感受就是「力不從心」。他好像對你有著「一日不見，如隔三秋」式的情誼，但又總是把你拒於千里之外，讓你無法靠近，感到沮喪、迷茫。

迴避型人格者不善於表達自己的情感，面對愛情時小心、謹慎。他們常常讓伴侶感覺他們在故意製造距離。實際上，他們不是不愛，而是習慣經由保持距離來減少不必要的失望和恐慌。愛上迴避型人格者的你會經常感受到一種分裂式的愛，這種愛使你疑惑，也使你疲憊。

一開始，他溫柔體貼，他會迎合你的各種愛好，贊同你的各種觀點。即使你覺得他還未完全對你敞開心扉，你也會安慰自己，日子久了，他就會把自己的內心完全展示給你。

迴避型人格者的內心有一扇不能示人的門——他認為自己是不完美的，是沒有吸引力的，是不配得到愛的。為了和你在一起，他緊緊地鎖住了這扇門，也鎖住了真實的自己。他把自己打造成一個「優秀」的人。而在這場戀愛裡，你以為的情投意合其實是他掩瑕藏疾的結果。

隨著相處的深入，你本以為他的心門可以愈敞愈寬，可現實是他的內心愈鎖愈緊。他開始拒絕與你溝通，無視你的不滿。雖然他確實在你身邊，但是這種缺乏溝通的愛，彷彿是缺了調味料的湯，索然無味。你愈來愈孤獨。

你想牽手，他說自己難為情；你想擁抱，他說自己不舒服；你想接吻，他又找理由搪塞。你無法忍受捉摸不透的他，你找他談心，他只說：「我本來就是這樣的人。」你可能會懷疑自己是不是逼他逼得太緊，但又覺得自己的要求並不過分。到底是哪裡出了問題？你輾轉反側，百思不得其解。

其實，**他不是不愛你，而是不知道怎樣愛你**。他找不到親密關心的關鍵點。他的內心堅信被隱藏起來的真實的自己不配得到你的愛，所以當你不斷地嘗試走進他的內心時，**他害怕不完美的自己被你發現**。他認為，與其被你拋棄，不如在這一切發生前自己先逃離。

迴避型人格者從未感受過完整的愛，所以他也不會愛他人。在戀愛中，他經常壓抑自己的感情，不敢敞開心扉去體會喜怒哀樂。尤其是當感情出現問題時，他既不解決問題，也不尋求幫助，而是封閉自己的內心，一遍又一遍地麻痺自己，不許自己敞開心扉。他在用這種方式逃避。

如何擁抱一隻刺蝟

迴避型人格者對你的愛感到恐懼和不安。他渴望你的愛，卻不敢不顧一切地愛你。愛情需要雙方坦誠相見，但與迴避型人格者相愛的你感受到的卻是對方的若即若離。愛上迴避型人格者的你，感到痛苦、疲憊、無力。

理解他：迴避互動，害怕「被忽略」

迴避型人格者對他人的意見非常敏感，因此他們傾向於與他人保持距離。但是，**他們對自己信任的人又具有高度的依賴性**。

一部分迴避型人格者是因為感情淡漠而對人際交往不感興趣。另一部分迴避型人格者是因為焦慮和對拒絕的恐懼而迴避人際交往；這部分人的內心對感情有強烈的需求，他們對親密關係有強烈的渴望，但又不願意面對親密關係中的挑戰，例如親密關係中的衝突。

面對衝突，他們會本能地逃避，這種退縮行為會進一步導致其處理人際關係的能力不足。倍感受挫的他們因此對批評更加敏感。

研究表明，父母的退縮行為，如得過且過、害怕衝突、處理衝突的技能不足，會對孩子的行為產生重要影響，使孩子將退縮行為當作自我保護的重要策略。另外，如果孩子的早期感情需求被忽視，孩子長期處於「隱形人」的狀態，不被「看見」，那麼這樣的孩子在長大以後，會對被「看見」有強烈的需求。一旦他的意志被忽略，他就會展現出極端的憤怒（如果別人的憤怒反應是三分，那麼他的憤怒反應可能是九分）。但是，他同樣無法經由語言來表達自己的痛苦，他的表達方式就是實施冷暴力——不理你，忽略你。

迴避型人格者不喜歡直接向周圍的人表達自己的需求。一部分迴避型人格者終其一生都沒有叫過伴侶的名字，他們也很少關心對方今天穿了什麼衣服，或者剪了什麼新髮型。他們似乎「看不見」對方，這就像是當年他們的媽媽對待他們的態度。

他們的內心充滿了對「被忽略」的憤怒，但是他們卻在不自覺地「忽視」伴侶。在親密關係中，他們的撒手鐧是「冷戰」。在親密關係中，最傷人的做法就是將伴侶當作空氣，不和對方說話，不給對方回應，好像對方根本不存在。

如何與迴避型戀人相處？

愛情是一種面對彼此的能力

迴避型人格者通常害怕與他人近距離接觸，喜歡活在自己的世界裡。你是不是覺得你的戀人很少表露自己的情感？你是不是覺得你的戀人對你的態度不冷不熱？這是因為他們沒有足夠的安全感，他們害怕全身心地投入一段感情。所以，他們在一開始就把自己保護得非常好，讓自己一直在安全線以內徘徊，不向前一步。

他們之所以形成這樣的人格特徵，主要是**因為他們在成長過程中得到的關愛不足**。他們經常被批評，卻很少得到讚美。這導致他們在長大後對自己的評價非常低，常常感到自卑，害怕被拒絕。

如果你真的愛上了迴避型人格的他，**請多給他鼓勵與支持，多讚美他，給他適應親密的時間和空間**，這樣你們才能在愛情的道路上走得更遠。

如何擁抱一隻刺蝟

1 看見他的愛

「你講話好冷漠，好像我們不曾愛過一樣。」

迴避型人格者害怕被拒絕，一般不願意把自己的真實想法直接告訴別人。你是不是覺得你的戀人有時候很冷漠，卻希望你對他熱情一點？戀人「漫不經心」的態度是不是讓你很生氣？你的熱情是不是只換來他的面無表情？這是因為迴避型人格者非常缺乏安全感，他不能確定你對他的愛。

如果你的戀人是迴避型人格者，你要包容他的小脾氣，試著理解他的真實想法。雖然在親密關係中，**迴避型人格者顯得有些「冷漠」，但是這並不代表他不愛你，他只是不知道如何「正確地」愛一個人，也不知道如何接受別人的愛**。他們即使有濃濃的愛意，也不知道如何將它表達出來。

很多時候，迴避型人格者會用自己的方式愛一個人，但是作為他的戀人的你卻常常察覺不到。所以，你需要站在他的角度思考，細心地觀察他表達愛的方式，慢慢地理解他的「冷漠」。

2 鼓勵他前進

「我都走了九十九步了，為什麼他就不能向前走一步呢？」

迴避型人格者對親密關係「又怕又愛」，他們渴望得到別人的關愛，希望別人能主動靠近自己。但是他們的自卑導致他們認為沒有人喜歡自己，也不會有人對自己付出真心。你有沒有看到你的戀人的心裡有一道防線？你有沒有察覺他們很脆弱——遇到一點挫折就一蹶不振？他們不會輕易允許別人進入自己的安全區域，他們害怕自己的脆弱被別人看到。當你的迴避型戀人試著向你敞開心扉的時候，請不要選擇轉身離開。

在電影《幸福綠皮書》中，東尼對唐說：「世界上，孤獨的人都害怕踏出第一步。」你應該怎麼鼓勵他踏出第一步呢？**循序漸進很關鍵**。如果你邀請他參加一個三十個人的聚會，而且這些人他都不認識，那麼聚會中的他一定會手足無措。因此，你可以先邀請他和三五位彼此熟知的朋友，一起去聽一場音樂會。聽完音樂會後，你們可以找個環境優雅的地方小酌一杯，談談彼此對音樂會的想法。

3 支持他的需要

「若即若離的你，比大海更讓人難以捉摸。」

迴避型人格者非常注重私人空間，強調親密關係中的界限感。他有時候顯得溫暖而細心，有時候又顯得獨立又冷漠。作為他的伴侶的你是不是常常倍感折磨？你應該怎麼做呢？請**先尊重他的需要**，傾聽他內心的聲音。這非常重要。

4 肯定他的價值

「蝸牛慢慢地爬，我在靜靜地等。」

戀愛中的迴避型人格者更像是一隻蝸牛。蝸牛有哪些特徵呢？牠們動作緩慢、遲疑；當外界環境發生變化時，蝸牛會在第一時間縮回自己的保護殼裡。如果你的伴侶沒有得到正向的回饋，他就會像蝸牛一樣縮回自己的「殼」裡。只有在確信自己不會被拒絕的情況下，他們才會戰戰兢兢地伸出自己的「觸角」。

從心理學的角度來看，迴避型人格者最主要的特徵是缺乏安全感，這也意味著他們對於伴侶的期待很高，對做出親密行為卻猶豫。

迴避型人格者往往自我認同感不足，覺得自己一無是處。在**與對方相處時，你要謹記三個關鍵字：相信、引導、肯定**。相信指你要相信他有足夠的能力解決問題，你不需要扮演一個

「拯救者」，他可以成為自己的「救世主」。引導指你不要主動行事，因為你的主動反而會使他退縮，你可以引導他掌握主動權。

迴避型人格者的內心住著一個「敏感的小孩」，有時候你要扮演引導者的角色，慢慢地走進他的內心，引導他表達自己的情感。在完成引導後，你要做的就是肯定對方，讓他知道，別人並非十全十美，他也並非一無是處。當他有了足夠的安全感後，他會跳出自己的保護罩。

如何擁抱一隻刺蝟

假如你是迴避型人格的刺蝟

迴避型人格者是一隻自卑的、在關係中容易退縮的刺蝟，這隻刺蝟總喜歡縮成一團。他渴望愛，卻因為害怕被批評、被傷害而不敢輕易把柔軟的部分露出來。他偶爾會抬起頭來試探，一旦對方靠近，他就會立刻把自己蜷起來，用冷冰冰的刺對著對方。他想靠近，卻又忍不住逃離。

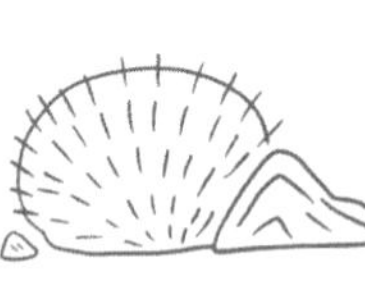

1 進行積極的自我暗示

迴避型的刺蝟的自我價值感較低，甚至對外界的誇獎也持懷疑態度。這是因為你沒有正確地認識自己。你必須從自我入手，理解和接納自己，**你需要看到自己的長處**，也需要接納自

己的不完美。請告訴自己，你值得被好好對待，你值得被喜愛，你值得擁有所有的美好。

2 弱化自己的負面感受

你要知道，想法未必是事實。在戀愛中，你高度敏感，這會使你過度地自我保護。當你認為對方在貶低你時，你一定要慢慢地弱化自己的負面感受，減少對世界的敵意。

3 給自己一點勇氣，嘗試面對世界

請給自己一點勇氣，慢慢地探出頭，看看外面的世界。其實外面的世界並不像你想的那麼可怕，你可能會看到戀人充滿鼓勵與愛的目光。儘管「探出頭」的過程非常痛苦，但是這種痛苦會推著你做一些改變，你一定要鼓起勇氣。

4 兩隻迴避型刺蝟之間的愛情

雙方的心動信號往往會隨著對方的退縮和抗拒行為的出現而不斷減弱，雙方都喜歡彼此，卻也都對這份關係缺乏信任。

每當一方想靠近時，另一方就會躲避。最後戀情往往會不了了之。**對於迴避型人格者來說，合適的伴侶就是問題解決型的、有包容度的成長型伴侶。**

穩定而溫暖的戀人可以幫助迴避型人格者學會面對問題。在伴侶的陪伴下，你會發現自己處理親密關係的能力在逐漸提升。

電影推薦：《阿飛正傳》

電影《阿飛正傳》是王家衛導演的作品，於一九九〇年上映。電影的男主角叫旭仔（張國榮飾）。旭仔從未見過自己的生母，因此他把自己稱作「無腳鳥」。他對自己遇到的每一名女性都表現得冷酷而放蕩。售票員蘇麗珍（張曼玉飾）和舞女咪咪（劉嘉玲飾）都曾給過他溫暖，可是她們最終都被他拋棄了。為了擺脱心中的無力感，旭仔最終選擇了拋下一切，去菲律賓找尋生母。

在影片的一開始，旭仔出現在一家小店裡。他對蘇麗珍有好感，但她卻無動於衷。旭仔對蘇麗珍說：「十六日，四月十六日。一九六〇年四月十六日下午三點前的一分鐘，你和我在一起，因為你我會記住這一分鐘。從現在開始，我們就是朋友。這是事實，你改變不了，因為過去了，我明天會再來。」她無可救藥地愛上了他。

旭仔明明知道自己很喜歡對方，卻很難突破自身的防禦機制。他不相信自己能愛別人，更不相信自己值得被愛。

如何擁抱一隻刺蝟

蘇麗珍問旭仔：「你會和我結婚嗎？」旭仔卻表示，他不是會結婚的那種人。這一個回答讓蘇麗珍失望地離開了他。此刻，旭仔的內心可能有些不捨，但他沒有挽留她，而是習慣性地把情緒埋在了心裡。

因為一對耳環，他與舞女咪咪開始了一段感情。當咪咪把電話號碼寫給他的時候，旭仔並沒有用心地記下來，而是把紙條扔在了一邊，咪咪很生氣說：「你根本沒有記住我的電話號碼。」但旭仔卻說：「都寫下來了，我還用得著記嗎？」他還說：「如果電話號碼可以遺失，那人也可以遺失。」

迴避型人格者不會輕易將一段關係向更加親密的方向推進。他們害怕被拒絕，因此往往表現得漫不經心。旭仔正是如此。

後來，蘇麗珍又找到了旭仔，而旭仔卻說：「你回來幹什麼？我不適合你，我不是那種喜歡結婚的人。為什麼要遷就我？你遷就得了一時，遷就不了一世，你和我在一起是不會快樂的。我這輩子不知道會喜歡多少個女人，不到最後，我也不知道誰是我最喜歡的。」

旭仔的內心非常沒有安全感。他渴望被照顧、被關心，但是在接受對方的好意之後，他會產生極強的不適應感和焦慮感；他渴望親密關係，卻害怕陷入一段親密關係中。他遊走於不同的女人之間，最後發現自己渴望的溫暖竟然那樣可望而不可即。給予或者接受都讓

他驚恐。

旭仔終於從養母那裡打聽到了生母的資訊。他隻身一人去到菲律賓，找到了生母的住所，結果卻令他大失所望——他的生母並沒有出來見他。「我終於來到了自己媽媽的家裡，但她不肯見我，那些工人說她已經不在這裡了。當我離開這個家的時候，我知道我的身後有一雙眼睛看著我，然而我是不會回頭的。我只不過想看看她，看看她的樣子。既然她不給我這個機會，我也不會給她這個機會。」這是旭仔此刻的內心獨白。

多年來，這是他唯一的希望，現在這份希望再也不能支撐他走下去了。他不能再靠這個藉口欺騙自己了。

旭仔曾經說：「我聽說過一種沒有腳的鳥，牠一生都在飛行，即使累了、睏了，也只會睡在風中。牠一生只會降落一次，那就是死亡來臨的時候，未到最後，我也不知道我最喜歡的女人是誰。」

阿飛像無腳鳥一樣，看起來自由又瀟灑，但沒有人知道他的孤單、他的眼淚。他周旋於一個又一個女人之間，像無腳鳥在風中休憩一樣。

在影片的最後，旭仔在火車上被人用槍打死。超仔在最後一刻問了他一個問題：「你還記不記得，去年四月十六日下午三點，你在幹什麼？」旭仔說：「她告訴你了，我永遠都記得。」

如何擁抱一隻刺蝟

這隻無腳鳥告訴我們，他真正深愛的女人只有一個，那就是蘇麗珍，但他卻始終沒有承認。

第六章

依賴型人格的愛情

依賴型人格的愛情

依賴型的刺蝟既黏人又順從，他與戀人緊緊相擁，牢牢地抓著對方。

案例：沒有你，我一刻都活不下去

女主角的視角：我希望你是我的專屬守護神

有人問小魚她心中的完美愛情是什麼。小魚說：「我的愛情當然是兩個人天天待在一起，相互依賴。」而小魚在愛情中也是這樣做的。小魚和男朋友小章已經交往兩年了。她喜歡和自己的男朋友天天待在一起，喜歡事事依靠他，這讓她感覺非常幸福。

小魚對男朋友有多依賴呢？她每天都會問小章，自己今天穿什麼樣的衣服比較好。如果小章沒有給出明確的建議，小魚就會覺得不知所措；每次兩個人外出吃飯，她都會讓小章點菜，即使小章點的是自己不吃的菜，她也會為了維持彼此的感情故作開心地接受；每次兩個人外出旅行，她都讓小章決定目的地，小章想去哪裡，小魚就去哪裡。小魚覺得，自己只要不做決定，就不用承擔責任。一旦出現了什麼問題，小章就是責任人。這樣一來，小章就不會討厭自己，而自己也不必因為沒有得到贊許或遭受批評而難受。

在外人眼裡，小魚和小章是非常令人羨慕的一對。小魚非常依賴小章，會尊重他的每個決定，這滿足了小章的控制欲與自尊心。小章開心地說：「我們倆就是一條章魚，誰也離不開誰。」

小魚是一個非常害怕獨處的女孩，她希望能時時刻刻待在小章的身邊。兩個人開始談戀愛的時候身處兩地，小魚起床後的第一件事就是給小章發訊息，如果小章哪次回覆晚了，小魚就會感到非常不安，並胡思亂想：「小章是出什麼意外了嗎？最近我是不是哪裡做得不夠好？萬一他要和我分手怎麼辦……」收到小章的回覆後，小魚會對小章說：「你為什麼不回覆我？你不知道我很擔心你嗎？」

後來，小魚為了離小章更近一點，也為了讓自己更安心，辭掉穩定的工作，來到小章的城市。她每天都會送小章出門，然後在家裡等小章下班回家。

如果小章回來得晚，小魚就會開啟「電話轟擊」。

如何擁抱一隻刺蝟

在小魚的心裡，小章就是自己的專屬守護神。他能夠幫自己做好每個決定，可以永遠陪著自己，讓自己不必忍受孤獨和無助。

男主角的視角：甜蜜的負擔

小章覺得他的女朋友小魚愈來愈依賴他了。兩個人剛在一起的時候，小章覺得自己很享受這樣的時光——女朋友什麼事都聽自己的，每天都按照自己的喜好打扮，這極大地滿足了小章的自尊心。當時的小章認為，對方對自己的依賴是信任自己的表現。小章的朋友都非常羨慕他有這樣一位小鳥依人的女朋友。

但是兩個人在一起的時間久了，他發現小魚的依賴好像成了自己的負擔。小魚好像時時刻刻都想「黏」著自己。兩個人一起外出旅行的時候，所有事都需要小章操心。小章還發現，有時候明明自己犯了很明顯的錯誤，小魚竟然還是隨聲附和；她好像一刻都離不開自己，每當自己因為各種原因不能及時回覆她的時候，她就會不停地打電話、發簡訊。小章感覺自己一點個人空間都沒有，好像總在圍著小魚轉。

小魚在和自己談戀愛之後，好像完全放棄了屬於她自己的社交活動，她把所有的注意

力都放到了小章身上。小章想和小魚談談，可是每當小章提到雙方應該有自己的獨立空間，有自己的社交圈的時候，小魚就又哭又鬧。

更讓小章覺得壓力倍增的是，小魚竟然辭掉了工作，來到自己所在的城市。她告訴小章說，她想和小章離得更近一點，好好地照顧小章。但是在兩個人的相處中，一直都是小章在照顧小魚。兩個人住在一起後，矛盾更加突出了。小魚總是「黏」著小章。小章多離開一秒，小魚就會打電話「轟炸」。

小章覺得自己好像是小魚的貼身祕書，需要幫她安排好她每天要做的事，這讓小章非常苦惱。兩個人身處異地的時候，小章可以在下班後和同事一起去打球。現在他只能回家幫小魚解決她遺留下來的「問題」與「麻煩」。其實小魚的「問題」都是一些生活瑣事，例如買什麼牌子的牙膏、床單是不是需要換等等。

作為一個男生，小章確實希望自己能成為對方的依靠。但是小章覺得，這應該建立在彼此有獨立空間的前提下。他愈來愈受不了小魚這樣纏著自己了，這樣的愛，讓小章覺得身心疲憊。

如何擁抱一隻刺蝟

你愈想靠近，他愈會遠離

當愛情來臨時，我們都會因為對方對自己的信任和依賴而欣喜，這讓我們產生了一種自己很重要的感覺。但是當對方的依賴突破了愛情的界限時，我們只會感到疲憊。

真正的愛情應該是雙方都擁有獨立的人格，而不是一方過度依賴另一方。小魚把小章當作感情的靠山，希望對方可以幫助自己做決定、承擔責任、遠離孤獨。她可以為了這份依賴做許多不符合自己意願的事情，也可以在對方想改變這段令他辛苦的感情時，經由歇斯底里的哭鬧，使對方心軟。

這就是依賴型人格者，他們將自己的人生拴在戀人的身上，這最終只會令對方因不堪重負而遠離。

依賴型人格的愛情藍圖：

你是我可依靠的核心力量

一方是依賴型人格的親密關係是什麼樣子的呢？

依賴型戀人就像是寄居蟹，他們一生都在找可以棲身的「外殼」。我們知道孩子總是喜歡經由哭泣來吸引母親的注意，而這也是依賴型戀人吸引戀人注意力的方式。他們害怕被對方拋棄，但他們的過度依賴往往會給對方帶來巨大的壓力。親密關係的終結對他們而言像是世界末日來臨一樣，他們感到自己的生活即將因為戀人的離去而分崩離析。

電視劇《都挺好》播出後，倪大紅扮演的老爸蘇大強令無數人印象深刻，而這個懦弱的父親形象也反映了依戀關係的缺失與重塑。

蘇大強一直過著被別人管著的生活：婚前的他被母親管，婚後的他被老婆管。可是忽然間，他的老婆趙美蘭死了。重要依戀對象的去世，使他內心產生了巨大的喪失感，也讓他「巨嬰」的一面徹底暴露在兒女面前。

他要跟著大兒子去美國養老，他想要有獨立的書房、臥室帶廁所的大房子。他躺在地上向兒女耍賴：「我想喝手磨咖啡。」

即便如此，蘇大強認為他得到的愛仍然遠遠不夠，直到保母蔡根花出現。與趙美蘭的跋扈不同，保母蔡根花懂得仰慕和讚美蘇大強。看到蘇大強無人欣賞的小詩，蔡根花讚嘆道：「這詩太寶貴了！」

蔡根花體貼、溫柔，準備的飯菜精緻、可口，這都和趙美蘭的「虐待」形成了鮮明的對比。當蔡根花離去時，他甚至賣了房子，打算和她一起生活。他甘願被騙。因為這樣的人生，才是他一直期待的。

如何擁抱一隻刺蝟

電影《戀戀情深》中的吉伯特一家，住在一個名為安朵拉的偏遠小鎮上。十七年前，吉伯特患有憂鬱症的父親突然上吊自殺。吉伯特的人生軌跡就此改變。母親邦妮曾是鎮上有名的美人，丈夫的離世讓她沉浸在巨大的痛苦中，無法自拔。

她終日用食物填補內心的空洞，成了全鎮最胖的女人，和人們眼中的笑柄。十七年過去了，母親的體重已經達到兩百七十公斤，吉伯特和弟弟妹妹們必須每天將飯桌搬到她賴以支撐自己的沙發旁。她那碩大的身軀似乎在用更為直觀的方式向人們宣告：「我走不動了！」母親邦妮喪失了照顧自己的能力，需要她的孩子們照顧自己。

「我病得很重，所以你們要以我為中心，不能離開我。」這是邦妮在潛意識中的行為動機之一。影片中，邦妮占據著客廳的沙發，這也象徵著邦妮占據著整個家庭的中心，其他人都只能圍著她轉。

與邦妮龐大的身軀相比，邦妮的心靈實在瘦弱得可憐。在弟弟阿尼十八歲生日那天，他因爬上了小鎮的發電塔而被帶到警局。邦妮為了救阿尼，第一次走出家門。她感受到了居民的冷嘲熱諷，體會到了哥哥吉伯特的不易和他自卑的緣由。

依賴型人格的愛情寫真：共生，無自我

● 我可以滿足你對完美戀人的所有幻想

在親密關係中，依賴型人格者往往會對你言聽計從，並把你視作他的一切。他們總是從內而外地表現出一種「我很弱小、我很可憐」的感覺。他們把伴侶的喜怒哀樂當成唯一的風向標。

當伴侶難過的時候，他們就跟著傷心；當伴侶開心的時候，即使他們自己心事重重，他們也會陪著伴侶大笑。他們像是依人的小鳥，似乎滿足了戀愛中的人們對於「完美戀人」的所有想像。

● 有你替我做決定，我才心安

依賴型人格者常常認為別人比自己更優秀，因此會過分順從他人的意志，甚至要求伴侶

干預並安排自己的生活。他們常常處在一種需要被人照顧的依賴模式中。他們害怕犯錯，缺乏獨立思考的意識，因此往往無法獨自面對生活中的困難和挑戰。即使是面對一些日常瑣事，他們也無法做出決定。他們需要他人為其做決定，並承擔相應的責任。

法國心理治療師皮納曾說：「那些不做決斷的人是在等別人替他們做決斷。他們因此不用承擔任何因選擇失誤而導致的責任。」依賴型人格者之所以過度依賴他人，往往是因為他們沒有勇氣承擔後果。**他們認為自己只要不做選擇，就可以逃避責任**。

我的存在感源於你的愛

依賴型人格者的父母通常比較強勢，控制欲強，喜歡替孩子做決定。久而久之，他們愈來愈依賴他人的安排與照顧。

他們長大成人後，會把對父母的依賴轉向對戀人的依賴。「媽寶」常說：「我得問一下我媽的意見。」具有依賴型人格的女性一旦遇到困難，第一個想到的也是父母。

在依賴型人格者眼裡，只有天天黏在一起才能證明雙方對彼此的愛。他們缺乏獨立做決定的能力，缺乏獨立意識。一旦與對方失去聯繫，或者感受到對方的不耐煩，他們就會非常焦慮和痛苦。

如何擁抱一隻刺蝟

依賴型人格者總是希望身邊有戀人陪伴，愛情對他們來說是必需品，他們喜歡被保護、被呵護。

愛上依賴型人格者：你感到疲憊不堪

愛上依賴型人格者的你會感到疲憊不堪。這段感情好像一件易碎的瓷器，需要你提心吊膽地輕拿輕放。你稍有不慎，它就會變成一地碎片，這些碎片還有可能劃傷你。

一段成熟的愛情中不是沒有依賴，但這種依賴要適度。依賴型人格者的愛就是「過度」的愛，他們過度依賴另一半的支持、照顧和保護，無法獨立做決定，喜歡將自己的生活與對方的生活「捆綁」起來，他們對分離過度恐懼。他們的內心空虛而不安。他們的依賴往往會讓另一半不堪重負。

愛情似乎有一種魔力，能帶給人們歡樂。因此剛剛遇到一段愛情時，很多人都會有一種眩暈的感覺，自我在這種感覺中變得模糊不清。戀愛中的兩個人如膠似漆，一起吃飯、散步，恨不得二十四小時都在一起。

一開始，你會因為依賴型戀人對自己的依賴感到幸福，這時候的他就像一塊甜甜的奶

如何擁抱一隻刺蝟

糖，儘管有些膩，但充斥整個口腔的甜，彷彿奇妙的麻醉劑，麻醉了你的理性。對方的依賴給你帶來了責任感和幸福感，對方成了你「甜蜜的負擔」。

但隨著戀愛的深入，你覺得這種依賴開始逐漸「變質」。他就像一個離不開行動電源的手機，而你就是那個行動電源，你需要隨時滿足他的心理需求，為他「充電」。幾分鐘的離開都會讓他恐慌、焦慮。你們之間的界限愈來愈模糊。你必須保持二十四小時「線上」，你要花費大量時間和他聊天，還要接受他不定時「查勤」。

這種親密感已經不再像奶糖，而更像強力膠水——它讓你無法抽身，用力撕扯只會讓你疼痛。你開始感到無力、疲憊，甚至痛苦，你開始質疑這段感情。

你想結束這段感情，但又於心不忍。因為在這段關係中，你就是他的一切，**他用各種方式告訴你，他不能沒有你**。由於你的猶豫，他對你的依賴程度逐漸加深；因為他缺乏自信，他對你的言語和行為愈來愈敏感。你隨口說的一句話都會被他掰開、揉碎，他在字裡行間尋找著你要離開的證據。

在戀愛關係中，依賴型人格者不會想著如何讓自己變得更優秀、更具吸引力，而是會選擇經由捆綁和依賴來挽留對方。這樣的感情，讓你疲憊不堪。

理解他：
獨立決策的焦慮

依賴型人格者過度需要他人的支持、指導、照顧與保護，獨立做決策會使他們感到焦慮。他們的內心有兩個動機，一個是尋求社會支持的動機，即他們希望經由展示自己的弱小和無能來激發戀人的保護欲，從而獲得支持，另一個是尋求社會贊許的動機，依賴型人格者的順從滿足了很多人對「完美戀人」的想像，他們可以藉機獲得價值感。

他們有兩個核心信念：「自己很弱小」和「世界很危險」。與此同時，他們對被拋棄極度恐懼，一旦他們的恐懼感被激發，他們就會從「順從模式」轉換到「攻擊模式」。例如，如果對方不回覆訊息，他們就會不斷地打電話。

心理學研究表明，過度保護型的家長會導致孩子缺乏充足的、有效的自我照料經驗，從而產生較強的依賴心理。另外，幼兒時期不良的依戀關係，以及個體生命經驗中負面情感的積累，也會使個體形成依賴型人格。

如何與依賴型戀人相處？

鼓勵他大膽向前

依賴型人格者最主要的特徵，是他們非常渴望得到別人的關愛，而且非常害怕被戀人拋棄，缺乏安全感。

所以，如果你愛上了依賴型人格的他，請適度地陪伴他，多給他鼓勵，增強他的自我價值感。

1 誰給了他依賴的底氣？

依賴型人格者通常自主性差、獨立意識薄弱。他們在做決策之前喜歡參照別人的建議。在生活中，過度的幫助會讓他們的依賴性更強。

你的戀人是不是經常要求你幫他做一些他能夠完成的事情？你在生活中是不是喜歡攬住

一切？這種控制感和責任感會讓依賴型人格者的獨立意識愈來愈薄弱。

你可以鼓勵他獨立完成一些事情，幫助他在一點一滴中積累價值感。例如，你的戀人在工作上遇到了困難，想請你幫他解決。你可以讓他先跟你說一下他的想法。在他說完之後，你可以鼓勵他說：「我認為你的想法非常好，你可以試著去做，我相信你可以做到。」不要像一個指揮官一樣詳細地告訴他做事的流程。

如果你不給他獨立思考的機會，他只會愈來愈依賴你。

2 發展他的內在自信

我們總是希望生活一帆風順，希望身邊的人的行為如我們所願。一旦我們發現情況和自己的預期不一樣，就會努力地試著控制和改變。我們要關心當下，接納現實，而不是嘗試控制和改變現實。如果你有一個依賴型人格的戀人，你首先要坦然地接納他。此外，**你可以充分地挖掘他的優點**。作為他的戀人，你可以給他提供機會，磨練他的自主性，增強他的自信。

你瞭解戀人真正喜歡的東西嗎？依賴型人格者有時會為了滿足他人的需求做出一些努力，卻很少關心自己內心的想法。身為他的戀人，你可以試著瞭解他的興趣、理想等。你會發現他也有獨立做事的熱情。每一個依賴型人格者都是「潛力股」。

在電視劇《我的前半生》中，羅子君是一位全職太太，生活安逸。她對丈夫陳俊生非常依賴。在陳俊生提出離婚時，羅子君非常難過。但是在後期的劇情中，她在經歷了生活的打擊後主動開始學習，最後成長為一名優秀的職場女性。

其實，雖然依賴型人格者喜歡依賴他人，但是他們有著巨大的潛力。所以，在生活中，你可以不斷地鼓勵對方，讓他找回自信。

3 提升他的價值感

「天生我材必有用」。

失戀是痛苦的。但是依賴型人格者一旦失戀，就會產生被全世界拋棄的感覺，彷彿他們的整個世界都坍塌了。在生活中，依賴型人格者很難獨立做決定，他們不相信自己的能力。種種表現都說明依賴型人格者極度缺乏價值感。

在生活中，你可以有意識地讓他獨立做決定，例如穿哪件衣服、吃什麼東西。剛開始，如果他無法準確地說出自己的想法，你可以換種問法，例如：「今天我們吃火鍋，還是吃烤肉？」「今天我穿這件黃色衣服，還是那件藍色衣服？」你可以先給他一個選擇的空間。

如果他經過一段時間的練習後，可以不假思索地說出自己的選擇，那麼你就可以將問題的難度提高——「親愛的，今天我們去哪裡吃飯呀？」「我明天穿什麼衣服好呢？」久而久之，他會養成自己做決定的習慣，慢慢走出依賴的牢籠。

如何擁抱
一隻刺蝟

假如你是依賴型人格的刺蝟

依賴型人格者是一隻黏人且順從的刺蝟，這隻刺蝟想與戀人緊緊地擁抱在一起，想牢牢地抓住對方，卻忘記了自己滿身的刺會扎得對方生疼。

1 調整自己的思維

依賴型刺蝟總是忽略自己內心的真實需求，只在意別人的目光，以逃避自己應該承擔的責任。這往往會使其能力受到限制，也會導致伴侶的壓力倍增。所以，**你首先要做的，就是調整這種以他人為主的思維方式，關心自己的需求，承擔自己應該承擔的責任。**

你可以從一些小事著手，嘗試自己做決定。

2克服自卑感，重建自信心

依賴型刺蝟的自主意識不足以支撐一段「親密有間」的愛情。你可以與伴侶共同回顧、覺察妨礙自己獨立做決策的負面評價，重建認知結構。時常總結可以幫助你積累信心和成就感。

在每一次完成成長的「小目標」後，你要毫不吝嗇地誇獎自己。自我認同和自我鼓勵會讓你邁上人生的新台階。

3培養說「不」的能力

你對伴侶的依賴可能源於你順從的思維習慣，這很可能導致伴侶以愛的名義濫用你的真心。所以，你要學著在做每件事之前，都想想自己的心意。做自己不喜歡、不認可的事，只會讓自己受到傷害。你要嘗試說「不」，這並不會讓別人討厭你，反而會讓人更加尊重你。

4兩個依賴型人格者的愛情

兩個依賴型人格者相戀的可能性很小，因為雙方都覺得自己是弱小而可憐的一方，雙方

如何擁抱一隻刺蝟

一旦遇到問題就會互相推諉、互相指責。

適合依賴型人格者的戀人，應該是責任感比較強、具有「正能量」的人。他能夠積極地承擔責任，並幫助你解決一些問題。同時，他也會鼓勵你學著依靠自己、擺脫依賴。

電視劇推薦：《都挺好》

電視劇《都挺好》由簡川訸執導，於二〇一九年開播。它講述了表面上風光無限的蘇家在蘇母突然離世後，日漸分崩離析的故事。毫無主見卻又很自私的蘇父因為自己的生活問題，打亂了兄妹三人——遠在國外的大哥、國內的二哥和小妹——平靜的生活。

整部戲劇的靈魂人物蘇家父親——蘇大強在妻子離世後，不斷地對幾個孩子提出過分的要求。對於自己的三個孩子，他表現出極度的依賴性。這一度讓三個孩子之間矛盾重重，三個人都苦不堪言。整部戲活靈活現地展現了又好氣又好笑的家庭糾紛。

劇中的大哥蘇明哲從小敦厚、老實、勤奮，在性格方面，他是最像蘇大強的。他一直以「蘇家當家人」自居，把一切問題都扛在肩上。就連蘇大強的壞心情，他都認為是自己造成的，生怕有人指責他「不孝」。

蘇大強深知蘇明哲會順從自己，滿足自己的所有要求，哪怕是無理的要求。蘇母去世後，蘇大強在第一時間通知了蘇明哲。蘇明哲回來後，蘇大強躺在蘇明哲的腿上（蘇明

如何擁抱一隻刺蝟

哲坐在沙發上），顯得極其悲傷。幾天沒洗澡的蘇大強遭到蘇明玉的嫌棄，蘇明哲則說：「爸，晚上我幫你洗。」面對孝順的蘇明哲，蘇大強順勢問道：「我能去美國嗎？」這句話充分體現了蘇大強的人物特點。

在蘇家，蘇大強沒有經濟大權，也沒有發言權，家中的大小事情，無一不是妻子一人拍板。習慣了被妻子管著的蘇大強在妻子去世後，一方面覺得自己自由了，另一方面又覺得自己沒了依靠。面對精明強幹的女兒和不爭氣的小兒子，他明白自己只能依賴對他百依百順的蘇明哲。

蘇大強之所以形成了依賴型人格，一部分原因在於蘇母的強勢性格，一部分原因則在於蘇明哲。作為家中長子，蘇明哲從不會向父親說「不」。阻止蘇明哲說「不」的是他內心的恐懼感、責任感和罪惡感。他的忍讓和包容也助長了蘇大強對他的依賴。

當蘇大強向蘇明哲表達自己的需求時，蘇明哲總會盡量滿足。為了安撫父親，他瞞著妻子給蘇大強辦簽證；一口答應獨自出資給蘇大強買房子……

蘇大強長期生活在妻子的安排和照顧中，逐漸喪失了獨立生活的勇氣。在蘇母離世後，他對生活的想法和規畫略顯病態。但親情是割不斷的，病情嚴重的蘇大強最終和兒女們和解了，一家人各自安好。

第七章

邊緣型人格的愛情

邊緣型人格的愛情

邊緣型的刺蝟柔軟、易受傷，他的刺有時立著，有時收起，他經常被自己陰晴不定的情緒困擾。

案例：又愛又恨

戲裡黃蓉，戲外翁美玲

談起翁美玲，我們就會想到她扮演的經典角色——一九八三年版的《射鵰英雄傳》中的黃蓉，這個角色被金庸先生譽為「心中的黃蓉」。翁美玲扮演的黃蓉，古怪精靈，俏皮可愛，十分經典。可惜的是，現實中的她並不像黃蓉一樣，有深愛她的靖哥哥陪伴一生，而是早早地隕落了。她在二十六歲時自殺身亡。遺書中只有一句「Darling, I love you」

（親愛的，我愛你）。

這句話讓人不得不從感情方面思考翁美玲自殺的原因——她為情而死。於是，她當時的男朋友湯鎮業便成了眾矢之的。他百口難辯，完全不明白情侶間普通的爭吵，為什麼會變成終身遺憾。

是「為情所困」，還是「內心深處的渴求」？

二〇一三年，翁美玲年少時期的男友羅泊架設了一個關於翁美玲的網站，他告訴大家，自己曾與翁美玲交往過四、五年，是翁美玲的初戀，也瞭解她的很多情況。翁美玲曾自殺多次，並且做過很多不合常理的事。與翁美玲相處得愈久，羅泊愈覺得她是一個極度缺愛的女孩。她希望時時刻刻被關心、被愛護，對方稍不注意就會讓她產生危險的念頭。

為什麼她會如此？從羅泊敘述的翁美玲的幼年經歷中，我們或許能瞭解一二。

翁美玲是一個私生女，從小寄人籬下，無法擁有來自父母正常而完整的愛，而且她常被人欺負，這些經歷讓她變得小心翼翼，甚至覺得自己的存在是個錯誤，她充滿了卑微與恥辱感。

如何擁抱一隻刺蝟

她感覺自己好像被這個世界拋棄了，周圍的所有人都對她充滿了惡意與敵意，這些事情讓她變得過分敏感。為了保護自己，她的內心長出了與世界對抗的長矛。

這讓我想起翁美玲在生前寫的一段話：「我始終覺得，這個世界仍欠缺一個貼心貼肺錫（粵語中的「疼愛」之意）我的人，而這個人也值得我為他掏出心肺，生死相許，永遠廝守，一生一世互握著堅貞誠摯的手。人世間，其實有許多東西值得我們拚命追尋，不過在我眼中，我企望、盼求的只有一件，就是真摯的愛情，一個為我而生，也教我為他而活的伴侶。」

翁美玲對愛情是有期盼的，她渴求這樣一段愛情：雙方在這段親密關係中能夠掏心掏肺，並且生死相隨。對於感情上的不如意，如異地戀，她有自己極端的處理方式。異地戀其實是一種很常見的戀愛狀態，卻讓翁美玲產生了強烈的被拋棄感，她無法忍受這種被人拋棄的感覺，選擇以自殘、自殺等極端自我傷害的行為應對。

錯位的愛導致的悲哀

翁美玲終其一生都在尋找著屬於她的「靖哥哥」。「靖哥哥」是什麼樣子的呢？他可

以忍受蓉兒一次又一次的試探，可以在蓉兒一次又一次的刁蠻任性後，仍把她放在心尖上。翁美玲與黃蓉一樣缺愛、空虛，她被「被拋棄感」控制著，缺乏安全感。但遺憾的是，她沒有遇到她的「靖哥哥」。

其實，無論是在婚姻中，還是在戀愛關係中，親密關係中的雙方都應該處於一種平等的狀態。當一方對另一方有了超出愛情之外的需求時，悲劇就會發生。

從翁美玲的故事中，我們可以發現，她是一個情感不穩定、極度害怕被拋棄、衝動、易怒的人，她對自我的認知完全取決於與他人的親密關係。

在感情中，她無法保持理性。面對感情中的挫折，她習慣用猜忌、偏激、歇斯底里，甚至自我傷害解決。為了感情，她曾幾度自殺，最終走上了不歸路。

這是典型的邊緣型人格在親密關係中的表現。

邊緣型人格的愛情藍圖：愛恨一瞬間

那麼，在親密關係中，其中一方是邊緣型人格者會對這段關係產生什麼影響呢？或者說，一方是邊緣型人格者的親密關係是什麼樣子的呢？

其實我們從翁美玲的例子中，已經能瞭解一二了。在與翁美玲的相處中，她的每一任男友都覺得很辛苦，因為她情緒多變，而且比較極端，一旦有不順心的事情，就會做出自我傷害的行為。她對戀人極度依賴，無法忍受對方對自己的忽視，點滴的冷落就會使她產生被拋棄感。所以在邊緣型人格者的感情世界中，另一半需要對其有充分的理解與包容。

有人形容**若戀人是邊緣型人格，會經常體會「瞬間天堂，瞬間地獄」的感覺**。他們的情緒缺乏穩定性，前一秒他們還與戀人親密無間，頃刻間又進入自我嫌棄中。他們似乎缺乏情緒穩定劑，也沒有情緒緩衝帶，他們的「儲愛槽」常常是空的。

在親密關係中，邊緣型人格者既會飛蛾撲火般地為愛焚燒自己，也會不顧一切地逃離愛

情，甚至會無法克制地做出一連串衝動性的、自我毀滅性的行為，如瘋狂購物、自我傷害。

他們做的這一切都是為了獲得戀人的愛與關心。他們活在自己的感覺中，戀人的愛與關心才能讓他們感受自己的存在。所以，儘管他們會不斷地在感情生活中受傷，他們依然會迫不及待地進入下一段親密關係。雖然他們也知道這段親密關係可能危機四伏，但他們仍然義無反顧。

電影《致命的吸引力》中的亞利絲就有邊緣型人格傾向。就像電影的名字那樣，亞利絲是一名非常有魅力的女性，她的每個眼神、每個動作都會讓異性深深地陷入其中，無法自拔。男主角丹也是如此，已婚的他沒有逃脫亞利絲的魅力，與亞利絲發生了關係。

然而，真正沉淪的卻是亞利絲，原因僅僅是亞利絲所說的：「我自殺失敗後，很多男人都會一走了之，但你卻留下來照顧我，陪了我一整夜。那肯定是有原因的。」

作為律師的理智以及對於家庭的內疚，讓丹決定不再與這位美麗的女性糾纏下去，但亞利絲卻不願意放棄與丹的這段關係，因為亞利絲充滿空虛感，一旦開始一段親密關係就會全身心地投入，甚至會為了維持這段關係而做出許多偏執的事情。

於是，亞利絲為了讓丹回到自己身邊，想方設法尋求對方的關心：她以死相逼，她不斷

如何擁抱一隻刺蝟

地給丹打電話、追蹤他，她欺騙他說自己懷孕了。這種騷擾最後發展成入室犯罪，她甚至想殺死丹的妻子貝絲。

亞利絲的邊緣型人格的最明顯表現就是：即使愛到死，我也不可以被拋棄。**邊緣型人格者通常有自我認同障礙，他們需要借助別人的存在來認可自己的價值，找到自己存在的感覺。**所以他們一旦感覺他人有拋棄自己的意向就會變得極度憤怒與不安，就會產生一連串過激的行為。

儘管亞利絲知道對方有家庭，她並沒有放棄，只想牢牢地抓住對方，並盡自己所能地做自己認為能夠留住對方的事情。

在邊緣型人格者的心中，孤獨比虐待更恐怖。

就像亞利絲一樣，想要借助親密關係填滿自己的空虛，是邊緣型人格者與伴侶之間的關係的最佳寫照。他們想在親密關係中證明自己的價值，他們時常放縱自己，將自己與對方連成一線，將自己與他人混淆，並把重要他人視為自己的救世主。

他們對待伴侶，如同即將溺水的人面對一根浮木一般——急切地想抓牢。在親密關係中，邊緣型人格者的內心並無自己的情感地圖，但又熱切地盼望感情，而且邊緣型人格者還自帶吸引力。

他們很難判斷自己與他人的心理距離，為探索彼此相愛的感覺，他們反覆無常——從小

鳥依人到瘋狂控制，從滿懷感激到憤怒失控。因為怕被拋棄，他們緊緊抓住戀人不放，要求戀人如同自己身體內的細胞一樣時刻與自己同在；但他們又害怕被吞沒，既渴望親密，又害怕親密，不斷地陷入迷茫，最終他們會排斥那個真心愛他的人。

在戀愛中，他們既有強烈的吸引力，又常常「做」到讓人無法與之相處。

如何擁抱一隻刺蝟

邊緣型人格的愛情寫真：陰晴不定的戀人心

● 「只有隨叫隨到，才能證明你愛我」

邊緣型人格者渴望愛情，正如人需要空氣一樣。**愛情是他們心中的光**，一旦愛情降臨，他們的世界將瞬間變得熠熠生輝，因此他們特別想把愛緊緊地攥在手中，一刻也不想與戀人分離。

如果對方因為忙而沒有即時接聽手機，他們敏感的內心會被瞬間擊潰。就像嬰兒無法區分母親的暫時離開和消失一樣，邊緣型人格者經常把暫時經歷的孤獨當成永遠的與世隔絕。

結果是，他們由於假想被戀人拋棄，變得無比沮喪，因為他們基本的滿足感和安全感被剝奪了。「完了，他不接我電話，一定是不愛我了，嫌棄我了。」這個聲音會一次次地在

他們的內心響起，被拋棄的感覺會迅速出現，轉而成為排山倒海的情緒。他們一方面願意融入親密關係，渴望被照顧，另一方面又擔心被愛淹沒。他們既渴望接近，又害怕失去。

在親密關係中，這些內心的感覺會戲劇性地表現為激烈的、反覆無常的、充滿操縱性的行為。他們常常會對他人提出不切實際的要求，看起來像是被寵壞了。在親密關係中，他們總是抱怨身體不舒服，總是表現出軟弱和無助，還會出現挑釁行為和受虐行為。自殺威脅經常被他們用來博得另一半的關心和救助。

● 意中人總在下一站等候

邊緣型人格者的內心遵從著「你愛我，我就活著」的想法，他們看起來是因愛而活，其實內心充滿了對孤獨與獨處的深深恐懼。對他們而言，擺脫孤獨的捷徑就是戀人的陪伴。因此，他們總是在沒完沒了地尋找意中人，希望能找到那位「完美」的、真的愛自己的戀人。

正如翁美玲所言：「我始終覺得，這個世界仍欠缺一個貼心貼肺錫（粵語中的「疼愛」之意）我的人。」翁美玲一直在尋找，但是這樣的戀人真的存在嗎？

邊緣型人格者通常在年少時沒有得到過充分的照顧與保護，長大後，其自我意識通常會依附於戀人。當他們回望過去時，他們的內心一片空虛。孤獨讓他們回憶起小時候被父母遺棄的恐懼：「誰來照顧我？」孤獨的痛苦只能經由一個臆想的戀人來緩解。

邊緣型人格者缺乏持續的、內在的自我認同感，他們會帶給戀人激情、美好與驚喜，令戀人每天都生活在甜蜜與幸福之中。但他們的內在自我不穩定，在親密關係中，邊緣型人格者可能會從反方向尋找滿足感——他們頻繁地更換戀人。

戀愛中的邊緣型人格者可能會不斷地變更角色——從「狂熱者」到「倦怠者」，從「聰明人」到「怪人」，從而獲得一種歸屬感和被接納感。

● 燃燒的憤怒

與邊緣型人格者建立親密關係並非易事，**憤怒和情感不穩定是邊緣型人格者最常見的狀態**。他們的暴怒難以預測。他們排山倒海的狂怒，也許僅僅是因為對方沒有及時洗碗這種日常生活中的小事。

關係好的時候，他們一副小鳥依人的模樣，但轉眼間他們就有可能扔盤子、摔碗。他們的憤怒會指向最親密的人——戀人、子女、父母，甚至自己，例如《被討厭的松子的一

生》中的小野寺想獨吞收益，憤怒、絕望的松子殺害了小野寺，這都是親密關係中不適當的、難以控制的憤怒導致的後果。

強烈的情緒體驗

戀愛中的邊緣型人格者的情緒如同搭雲霄飛車一般。邊緣型人格者會出現突然的情緒變化，他們的情緒深受戀人的態度的影響，要麼過度活躍、無法控制，要麼過度悲觀、憤世嫉俗。

幸福來得太突然，沮喪也來得如此突然，「上天入地」的體驗往往讓戀人不知所措。例如，情人節那天，李給戀人喬買了好看的藍色妖姬，喬喜出望外，抱著戀人狂吻。正當李沉浸在被戀人接納的喜悅中時，喬又突然問：「這一把花得花多少錢?!你真以為自己是富豪嗎？你把自己當誰了？」李吃驚地坐在那裡，喬這疾風驟雨般的情緒轉換，讓李目瞪口呆。

不時襲來的空虛感

邊緣型人格者通常會經歷一種痛苦的空虛感，這種空虛感使他們一直在尋找填補「空洞」的方法，**邊緣型人格者經由尋求親密關係來逃避空虛感**。他們還常常會體驗一種存在性焦慮。

這種狀態可以輻射至邊緣型人格者的許多其他特徵。穩定的自我意識不能建立在一個空殼裡，而情緒的不穩定可能是由孤獨感引起的。沮喪和空虛的感覺經常相互強化。

愛上邊緣型人格者：冰火兩重天

被邊緣型人格者愛上是一種什麼感覺？一位邊緣型人格者的伴侶這麼說：「我們的愛情一會兒跌入地獄，一會兒直升雲端，一半是烈焰，一半是冰山。」在被愛上的那一刻，你會感覺自己幸福得要飛到天上去，那種純粹、唯美、真摯、熱烈的愛帶給人的精神體驗，令人難以忘懷，你被對方百分百地接納與包容。然而，隨著親密關係的深入，這種令人窒息的愛往往伴隨著猜忌、衝動、衝突，甚至絕望，讓人無法獲得片刻的安寧。

邊緣型人格者都極具才華，被邊緣型人格者吸引的人往往是聰明的、有責任感的，並且能夠接住他們情緒的人。**邊緣型人格者隨時散發著一種迷人卻有點危險的氣息，這對很多人來說是很有吸引力的**。他們在「正常」的時候會表現得比常人更加陽光、更加有活力、更加親切。

電影中很多富有魅力的角色都帶有邊緣型人格的特質。這些特質並非一無是處。我們每個人都或多或少有一些邊緣型特質，或者在某些邊緣型特徵上得分偏高，例如「有衝勁」，擁有快速地吸引他人並建立關係的能力，這也許會在生活中幫到我們。一些諸如「敢愛敢恨」和「放縱不羈」的邊緣型特質可能會令一個人顯得更可愛、更真實。畢竟，真性情是很吸引人的。

與一個邊緣型人格者的愛情，往往是兩個人的人格相互吸引的結果，而且彼此之間的吸引力往往來自人格中的那些相似或相反的特質。

自戀型人格者與邊緣型人格者在戀愛中的投射與防禦機制相似，因此這兩種人極易相互吸引。

邊緣型人格者大都擁有極高的智商，具有極高的包容性和給予愛的能力，因此他們往往容易吸引優秀的人。在戀愛之初，他們往往有著極強的吸引力，很容易與人建立親密關係，只是隨著親密關係的深入，這類人格的不穩定特點會慢慢浮出水面。

他們想牢牢抓緊對方的手，深深地擔心自己會被拋棄，並且這種感覺會隨著他們進入深層次的親密關係而愈發強烈，其**表現是他們往往會對對方產生很強的控制欲**。

為了時時刻刻抓住對方的心，他們甚至會採取自殘的極端手段。因此在戀愛中他們往往「冰火兩重天」——前一秒對你熱情似火，後一秒與你形同陌路。你會產生至愛或至恨的極端感覺。

既愛又恨，恰恰是這類人的愛情標籤，與邊緣型人格者戀愛的體驗是極致的——至真、至純、至美，也極具毀滅性。

理解他：
嚴重缺乏安全感

邊緣型人格往往與早年的創傷性經歷有關，例如被拋棄、被虐待、被忽視、遭遇家暴、遭遇性侵等典型的逆境經歷（adverse experience）。多數邊緣型人格者在童年都經歷過與家人或主要照顧者的分離。

在本應該與父母建立依戀關係的階段，他們體驗到的是孤獨和被忽視，這讓他們對於「被拋棄」產生了深入骨髓的恐懼。為了避免再次經歷孤獨，他們在長大之後，願意付出常人難以想像的代價，因此給他們足夠的安全感是最重要的。

邊緣型人格者渴望愛情，但缺乏愛的能力，往往會為了獲得對方的愛而不惜一切代價。他們對戀人滿心不捨，卻表現得滿不在乎。他們的行為與內心真實的聲音往往是脫節的，在戀人的臂彎中孤獨，往往是邊緣型人格者的戀愛常態。

邊緣型人格者的童年經歷往往有些特別，例如在童年期經歷過重要親人的死亡；在童年期曾主動或被動地介入父母的關係（如在離婚拉鋸戰中，成為夫妻爭奪的籌碼，被要求在父母中做出選擇）；在童年期遭受身體上的虐待或者心理上的忽視；面對情緒極不穩定的撫養人。

在電影《被討厭的松子的一生》中，松子在小時候沒有得到過父親的關愛，她成年後交往的幾任男友（包括街頭混混、有婦之夫等）都像父親一樣，不能給她真正的愛。他們虐待她、背叛她、拋棄她，讓她失落。她總是寄希望於下一段親密關係，希望下一任男友能為她帶來安全感，卻一次又一次地在關係中，驗證著來自父親的拒絕和疏離。

邊緣型人格者往往會展示出無比迷人的性魅力，這讓戀人無法自拔。但他們的親密關係通常以週或月為單位，並且充滿動盪、憤怒與驚訝。

如何與邊緣型戀人相處？

讓他感受你的愛

與邊緣型人格者相戀，注定是一段探險之旅。然而，**愛本身具有療癒功能**。足夠的耐心、強大的包容力、充足的理解力，能給邊緣型戀人帶來一個好的精神環境，它能包容他的不穩定性，彌補他童年的缺失，提高他的心智慧力，對他產生療癒作用。要在與迷人又聰慧的邊緣型戀人的相處中做到安之若素，你可以從以下幾點著手。

1管理好自己的情緒

不要激惹邊緣型人格者，**在發現即將「擦槍走火」時，要先按下暫停鍵**——注意自己的身體姿勢，保持微笑，辨認情緒激惹事件，並進一步求證。此刻你需要的是有用、有效、有度的處理方式，因此管理好自己的情緒尤為重要。

你可以對事件做一些分析，回想一下，自己是什麼時候開始情緒化的，誘因是什麼；你們習慣的溝通方式是什麼，你現在可以做些什麼；情緒的觸發按鈕是什麼，是否存在一個特殊的事件或特殊的時間點；雙方的情緒爆發之後又發生了什麼；你是否改變了自己的行為；你所愛的人是否改變了自己的行為；你是在用行為管理情緒，還是在用情緒管理行為。

2 安頓情緒，緩緩求證

確認你所愛的人的處境，包括其情感、想法及行為，然後學習安撫他的情緒。因為他就像個「情緒萬花筒」，所以你要成為「情緒消化器」，而不是「火藥筒」。

當你們之間的溝通導致他的負面情緒開始累積時，**你就需要停下來**，再次進行求證——「我理解你為什麼因這件事情生氣」、「不會那麼糟糕」、「好吧，我們共同停下來，談談發生了什麼」。**切記不要驗證無效的資訊**，例如「好吧，我知道你只是控制不住情緒。」

當你有疑問時，請用詢問代替直接的表述，例如「可以嗎？」「你覺得我們應該怎麼做呢？」不要說：「你應該……」邊緣型人格者反感別人告訴他自己應該怎麼做，因為他在過往的經歷中一直被告知自己的感受、想法與行為都是錯的。

3 先給予安撫，再討論事件

邊緣型人格者陷入情緒之中時，很難處理當下的衝突。因此，**你可以先給對方一個溫暖的擁抱**。等戀人的情緒穩定後，你們再認真地評估事件。

- 發生了什麼事？
- 情況是從什麼時候開始出現的？
- 你們分別是如何看待這個問題的？
- 你們分別希望得到一個什麼樣的結果？

注意，所有的討論都應該是積極的、有建設性的。當他走出情緒的漩渦，大家可以理性討論時，你可以和他一起列出解決辦法的清單，選擇最優選項，預估可能出現的問題，推動解決方案的實施。

4 找到情感中彼此的位置

與邊緣型人格者戀愛會使你產生極端的疲憊感和極端的幸福感。你應該如何將這種「上天入地」式的戀情引回正軌呢？最核心的一點，是你需要給予邊緣型人格者更多的心理支持、心理撫慰，以及對他的行為的肯定。**你需要做到溫暖又不失界限**。

這樣，邊緣型人格者才能在溫柔的注視中獲得安全感。當你們找到彼此位置，相處自然會變得順暢。情緒平穩了，戀情自然會日漸穩定。當然，這需要時間，也需要愛的智慧。

如何擁抱一隻刺蝟

假如你是邊緣型人格的刺蝟

邊緣型人格者是一隻柔軟的、易受傷的刺蝟，這隻刺蝟的刺有時立著，有時收起，他經常在陰晴不定的冰火兩重天徘徊，而他自己也會被自己難以控制的情緒困擾。

當遇到知心戀人時，內心柔軟且極缺乏安全感的刺蝟會將最柔軟的部分直接暴露在另一半面前。

1 把握親密關係中的節奏

切記謹慎進入，把握節奏，忌不問水深，一頭扎進。你特別容易一頭扎進對方溫柔的懷抱，以為自己贏得了全世界。其實，你只不過是遇到了正常的戀情。給自己一些時間思

考，你愛上的是對方的哪一點；在戀愛中，你想獲得什麼；在戀愛中，你的恐懼是什麼。

有了這些自我探索，你會慢慢發現自己在情感中缺失的部分。

2在親密關係中，學習按下「暫停鍵」

邊緣型人格者極易陷入「戀愛腦」。愛情像一面鏡子，人在親密關係中展示的往往是最真實的，甚至略顯匱乏的自己，因而**邊緣型人格者容易陷入「纏人」與「變化無常」的循環之中**。

這個時候，請先按下「暫停鍵」，告訴自己：「該讓自己停下來了，要用大腦思考。」想一想自己在這段關係中獲得了什麼，又失去了什麼。因為隨著親密關係進入「深水區」，邊緣型人格者會有既怕被水淹又享受水的照拂的感覺，這種既愛又恨的感覺會令邊緣型人格者難以自拔，也會令戀人在親密關係中有窒息感。

3與內心進行對話

你要慢慢地在親密關係中，學習管理自己的情緒。學會先處理情緒，再處理情感，改掉帶著情緒要脅戀人、以愛的名義捆綁戀人的問題行為，因為這會讓戀人感覺其遭到了「情緒勒索」。你需要學習接納自己，同時給戀人鬆綁，允許「親密有間」的關係存在。

4 兩個邊緣型人格者的愛情

兩個邊緣型人格者的戀情往往是「有毒」的，雙方會「相愛相殺」。合適的戀人應該有與你相似的成長與生活背景，而且對你熟悉，認可你、理解你、接納你。伴著理解、包容和共同成長，邊緣型人格者會逐漸建立足夠的安全感，這段感情也會變得穩定而安寧，邊緣型人格者也會不再「邊緣」。

穩定而細緻的愛使邊緣型人格者的內心安靜而有力量。在愛的滋養中，邊緣型人格者臉上的笑容會愈來愈燦爛！

電影推薦：《令人討厭的松子的一生》

電影《令人討厭的松子的一生》於二〇〇六年上映，由日本知名導演中島哲也執導，女主角川尻松子由演員中谷美紀飾演。該電影以川尻松子的五段慘澹收尾的愛情故事為主線，講述了她悲劇的一生。

故事以松子的外甥阿笙的視角鋪開。在整理被殺害的姑姑松子的遺物時，阿笙得知松子給鄰居留下的印象極差，鄰居甚至用「公寓的臭蟲」形容松子。

從出租屋外的小黑板上混亂的塗鴉上，阿笙依稀看出了「對不起」、「生而為人，我很抱歉」的字樣，這讓阿笙疑惑不已。

一同前來調查案件的警官，與阿笙聊起了他瞭解的松子的過往。那時的松子是一位音樂老師，十分受學生們喜愛。影響松子整個人生的一件事，是松子的學生龍洋一（以下簡稱阿龍）盜竊小賣鋪老闆的錢財。松子卻被陰差陽錯地認定為盜竊犯，隨即被學校辭退。那一次，松子的腦海中出現了一句話：「我覺得我的人生完了。」

如何擁抱一隻刺蝟

松子的邊緣型人格也與她幼時的經歷有關。為了討父親喜歡，松子選擇了父親想讓她上的學校，從事了父親想讓她從事的職業，努力地變成父親心中的理想女兒。然而，父親仍然在給穿著和服的松子拍照的時候，下意識地提起「想念久美（松子的妹妹）穿和服的樣子」。松子從前能經由做鬼臉逗父親開心，現在她做鬼臉時卻被父親斥責「不正經」。失落的松子，終於在一次家庭聚會中，當場向久美表露心聲，說完「你一點兒都不可憐」的話後，她隨即離開了這個後來再也沒回來過的家。

離家之後的松子，隨即開啟了五段情感。

才華橫溢的作家八女川徹，是松子第一段情感的主角。成為浴池女郎的松子在回到簡陋的居所後，時常被八女川徹暴力對待。儘管如此，松子還是將弟弟給的最後一點錢交給了八女川徹。面對松子熾烈的愛，八女川徹並不能坦然接受。終於，在一個雨夜，八女川徹走向火車，自殺了。那一瞬間，松子的腦海裡浮現出一句話：「那一瞬間，我覺得我的人生完了。」

岡也健夫是松子的第二個情感寄託對象，也是八女川徹的死對頭。松子選擇成為他的情人。再次對生活燃起希望的松子，重新唱起了歡快的歌，然而當松子說想成為岡也健夫的夫人時，岡也健夫撕掉了面具，他表示他是為了消除八女川徹帶給他的自卑感，才選擇和松子在一起的。最後一封信中的錢，彷彿是對松子的嘲笑，而松子也在三聲「為什麼」中結束了這段感情。

和小野寺一起投機賺錢，是松子的第三段情感經歷。在撞破小野寺和其他女人廝混後，松子想要回自己應得的那部分錢，卻得知錢早已被小野寺私吞，情緒崩潰的松子一怒之下殺了小野寺。在那一瞬間，松子的腦海裡再次出現了那句話：「那一瞬間，我覺得這回我的人生真的完了。」

和理髮師島津賢治的偶遇，讓松子重新燃起了對生活的希望，這是她的第四段情感經歷。島津賢治的深情表白讓松子再次唱起了歡快的歌。儘管後來她被捕入獄，但在出獄後她仍然選擇了去找島津賢治。然而，島津賢治早已娶妻生子。電影配樂的歌詞「我會堅持生活，愛就是生命」恰如其分，彷彿是松子最後的倔強。

後來，命運讓松子偶遇了她的悲慘生活的始作俑者阿龍，這是松子的情感絕響。在這段感情中，松子最後一次選擇了付出一切，她甚至告訴自己：「龍洋一才是我的全部，只有龍洋一才是我的生存之道。」然而，阿龍覺得松子對自己的愛情過於耀眼，恐懼的阿龍在出獄時將松子打翻在地逃跑了。自此，松子開始封閉自我。

被五段悲慘的情感經歷折磨後的松子仍然思念家鄉。她在一條小河旁租房定居了，這條小河與松子家鄉的那條名為荒川的河很相似。沉浸在痛苦回憶中的她選擇了逃避現實，甚至在遇到真心待她的好友澤村惠時，她慌忙逃離了。

如何擁抱一隻刺蝟

她躺在宛如垃圾場的房間裡，眼前浮現出了妹妹久美的樣子。生活或許對松子尤為不公——她在找尋澤村惠塞給自己的名片，並且希望重新拾起生活時，遇到了一群小混混。在棍棒中，她的一生結束了。

松子被龍洋一視為他的上帝，也獲得了阿笙的認可，他認為姑姑這個「上帝」值得信奉。在她的一生中有三段真摯的感情，一是父親對她的愛，二是妹妹久美對她的愛，三是好友澤村惠對她的愛。然而，這三段足以溫暖她一生的感情卻並未被她牢牢抓住，她選擇了五段不值得付出的虛幻愛情。

在電影的最後，松子在一生中遇到的所有人都唱起了她愛唱的歌，這彷彿是生活對松子最後的慰藉。

第八章

憂鬱型人格的愛情

憂鬱型人格的愛情

憂鬱型的刺蝟獨特且迷人，他身上的刺令人目眩，讓他與眾不同。

案例：一段充滿擔憂與焦慮的感情

女主角的視角：我像愛自己一樣愛你

姚姚和男朋友浩寧是在一次相親中認識的。浩寧性格開朗，外表帥氣，面對總是沉默的姚姚，也能侃侃而談。姚姚覺得和他在一起非常舒服，那種感覺就像一直待在小黑屋裡的自己，突然看到了一束光。他應該是來帶著自己走向光明的，第一次相親後，姚姚這樣想。

之後每次見面，姚姚都會小心翼翼地與浩寧相處，害怕自己會因為做錯事情惹得浩寧不滿，然後和自己分手。例如，她可以委屈自己，滿足浩寧的一切需求。兩人一起出去玩的時候，只要浩寧提出建議，姚姚都會改變自己之前的想法，順著浩寧。她無時無刻不在觀察著浩寧的臉色，如果浩寧變得不開心或走神了，姚姚就會自責：「是我做錯了什麼嗎？」「是我讓他丟臉了嗎？」「如果我剛剛主動一點，他會不會就不生氣了？」兩個人見面的次數愈來愈多，姚姚也變得愈來愈敏感，浩寧不經意的舉動就會讓姚姚的心受傷。

有一次，姚姚在浩寧公司的樓下等他下班，但浩寧因為工作太忙，而忘記了和姚姚的約會，姚姚就陷入了悲觀的情緒中：「是不是我不夠好，所以他不要我了？」「是不是我太木訥了，所以他不想和我談戀愛了？」然後，她一個人蹲坐在一棵樹下，把頭深深地埋在雙腿間，產生了一種被拋棄的感覺。

經過這次事件後，姚姚對浩寧變得更加溫柔、體貼了。她開始努力瞭解更多關於浩寧的事情，然後一心一意地為對方考慮，甚至在日常的相處中，讓自己和浩寧愈來愈像，這樣她就可以第一時間感知到浩寧在想什麼了。

姚姚為浩寧放棄了自己的喜好，浩寧可以想做什麼就做什麼，姚姚不會有任何意見，都會微笑著說「好」。

雖然在外人看來，姚姚真的非常文靜和善解人意，但是只有姚姚知道自己心裡有多麼不安。她知道自己這樣做有問題，但是由於害怕浩寧會厭煩自己，她要求自己無言地順從。

在她的內心深處一直有一種聲音：「你不能被拋棄，所以你要像愛自己一樣愛浩寧。」兩個人愈親密，姚姚就愈患得患失。浩寧就像她生命中唯一的光，她害怕失去他。有時候姚姚會想，如果他們兩個人沒有相遇就好了。如果她沒有見過光，她就不會知道光明多麼好，也不會總是擔心浩寧會發現自己並沒有他想像中的那麼美好，也不會害怕自己被拋棄。

男主角的視角：我感覺自己是個「渣男」

浩寧很喜歡姚姚，雖然兩個人是經由相親認識的，但這並不影響他們之間的感情。在他的心中，姚姚是一個非常文靜的女孩，每當自己和她聊天的時候，她都會柔聲細語地回答：「好。」她非常體貼。但是，相處的時間久了，浩寧發現姚姚是一個內心不快樂的人，這讓他產生了疑問：姚姚真的愛她自己嗎？

浩寧記得姚姚有一次在他公司的樓下等他下班，當時自己因為工作太忙，錯過了她發的消息，等看到姚姚發來的消息時，已經晚上十一點了。

浩寧覺得不放心，於是準備去看看姚姚。他剛走出公司大門，就看到抱著膝蓋、蹲坐在地上的姚姚，她看起來非常無助，這讓浩寧感覺很心疼，卻又不知所措。

浩寧立刻跑到姚姚身邊，問她為什麼不給自己打電話。姚姚略帶膽怯地小聲回答說：「我怕打擾你工作。」

那一刻，浩寧的情緒很複雜，他既心疼姚姚，為自己的粗心感到內疚與自責，又對姚姚的回答感到無奈，還有一點生氣，想要說姚姚幾句。但是，看到姚姚的柔弱，他又不敢說，突然覺得心好累。

其實這不是第一次了，兩個人確定戀愛關係後，在第一次給姚姚過生日時，浩寧想好好慶祝一下，於是問姚姚有什麼願望，姚姚說自己沒有什麼特別的願望，只要浩寧開心，她就開心。

當時浩寧覺得很感動，於是他問了好多人的意見，打算在她生日那天給她一個驚喜。

到了姚姚生日那天，姚姚起初的確很開心。但這並沒有持續很長時間，浩寧發現姚姚好像在強顏歡笑。生日慶祝活動結束後，姚姚好像很失落，甚至有點魂不守舍，臉色蒼白。

浩寧問她怎麼了，是不是身體不舒服，姚姚只是笑著，搖搖頭。

後來浩寧瞭解到，那天姚姚處於生理期，人特別難受。這讓浩寧感覺自己好像在關鍵時刻沒有做好，平時一直都是姚姚在照顧自己，他難得有機會為姚姚做點事，卻沒有弄清

如何擁抱一隻刺蝟

楚狀況。他也有點埋怨姚姚，在她這麼難受的時候卻不跟他說。

在兩個人的交往中，姚姚一直為浩寧著想，面面俱到；她的文靜與沉默總是會激發浩寧的保護欲。但是浩寧總覺得不太對勁。為什麼每次姚姚都會為了順著他，而改變她自己的想法？為什麼她不敢對自己提要求？為什麼在兩人相處的過程中，她總是情緒很低落？

和姚姚在一起的時間愈長，浩寧愈覺得心累，愈覺得自己是一個「渣男」。

辛苦的相處

姚姚總是在害怕失去，卻忘記了自己並沒有被拋棄。她的感傷其實是擔憂與焦慮的表現。她非常敏感，對方不經意的一個動作就會讓她胡思亂想，她不敢表達自己的想法，因為她怕對方看到真實的自己後會選擇離開。

與自己愛的人在一起當然令她很開心，但是開心過後，卻是深深的擔憂。她總覺得自己是個非常差勁的人，所以會經由不停地關心、體貼對方來換取對方的愛與憐憫。

愛情明明很美好，但為什麼浩寧和姚姚之間的愛情會這樣呢？因為姚姚有憂鬱型人格傾向。

憂鬱型人格的愛情藍圖：防禦型戀愛

「心中有歌，眼中含淚」，當你聽到這句話的時候，你的腦海中會浮現出什麼？實際上，這句話是對那些「受憂鬱動力」驅使的人群的真實寫照，即「憂鬱型人格者」。

自我效能和積極的自我感受遭到明顯的抑制，是「內攝型憂鬱人格」的典型特徵。這種人格類型的人常認為自己不夠好、有缺陷、自作自受。從中，我們可以看出，自我攻擊是與內攝型憂鬱密切相關的一種防禦機制。

那麼在親密關係中，內攝型憂鬱人格的人會有什麼樣的表現呢？在戀愛關係中，他們會主動將對方的錯歸於自己，以此進行自我保護。他們很難向戀人表達自己的真實需求和不滿，同時又非常渴望親密關係，因此**他們只能將這些複雜的情緒進行「內化」，認為只有改正自己的「錯誤」，才能維持親密關係**。

這就意味著，他們在親密關係中會不斷地自我否定，同時不能以正常的心態看待對方的過失，只會一味地糾正自身，這導致他們會因為刻意討好而感到力不從心。如果他們遇到冷漠、自私或有暴力傾向的戀人，他們會更加難以擺脫並深陷其中。

如何擁抱一隻刺蝟

由法國小說家妙莉葉・芭貝里的一部小說改編的電影《刺蝟的優雅》，完美地展現了孤獨而優雅、熾熱而克制的憂鬱型人格者的愛戀。

十一歲的天才少女芭洛瑪認為每個人都像活在魚缸裡的金魚一樣，只有七秒鐘的記憶時長，人們在無畏地、盲目地追逐著虛幻的倒影。她過早地洞悉了人生不過是一場平淡的生死戲，於是決定在自己十二歲生日那天結束自己的生命。

在此之前，她決定用錄影機記錄這座高級公寓裡繁忙的人和無聊的事，並將此作為送給自己的死亡禮物。

不過，看似平平無奇的看門人荷妮，卻引起了她的注意。荷妮又老又醜，脾氣暴躁，不修邊幅。她從不去商場購物，也不去髮廊理髮，她還有一隻肥胖的貓咪。早年喪夫的荷妮在她的小房子裡搭建了自己的「藏身之處」，一扇門的背後是數不盡的書籍，是她內心深處的細膩與優雅，是冷漠背後的柔軟與深情。芭洛瑪相信這個會讀《陰翳禮讚》的人的靈魂不會那樣簡單。

荷妮埋藏已久的刺蝟式生活方式被新搬來的小津先生打破了。他們因《安娜・卡列尼

娜》中的那句「幸福的家庭大都相似，不幸的家庭各有各的不幸」相識。

感覺相見恨晚的小津先生對荷妮發起了邀約，當荷妮的期待變為現實，刺蝟式的本能反應——我不夠好，我有缺陷——占據了上風。但荷妮還是邁出了一步，她手足無措地給小津先生回了信，踏進了許久未進的理髮店，換上了優雅、精緻的女士套裝和高跟鞋，兩顆心逐漸靠近。然而，在這部電影的最後，當重生的荷妮準備好奔赴自己的愛情時，她卻為了阻止在馬路中央跳舞的男人而不幸被貨車撞死了。

荷妮在最後的獨白中說：「我的心像蜷縮一團的小貓咪，我想和您再喝一杯清酒。」優雅的荷妮在死去的前一刻在做什麼呢？她已經準備好愛和被愛了。芭洛瑪的結局有什麼變化嗎？她決定以後也成為一個看門人。

憂鬱型人格的愛情寫真：

沒有力氣好好相處

幸福來得很突然

憂鬱型人格者易受悲觀情緒侵擾，雖然有「陽光」照入，但大多數時候，他們的情緒體驗都以沮喪、無助和不快樂為主，表現為顯著而持久的心情低落。**他們常常將自己的情緒藏起來，對自身的狀態閉口不談，他人很難深入瞭解他們內心的真實想法**。

只要憂鬱型人格者不走向極端，他們看起來就和正常人一樣，而且憂鬱特質本身具有一定的吸引力。

但當憂鬱型人格者迎來愛情時，他們就會有「幸福來得太突然」的恍惚感。因為他們一直活在自己想像的悲觀世界中，並且認為自己不值得被愛，世界是灰暗的、沒有希望的。他們害怕即將開始的這段親密關係會成為自己的「軟肋」。

在憂鬱型人格者的眼裡，與他人建立情感連結，並信任對方，會將自己置於一種不利的處境。他們擔心自己會被欺騙、被傷害，害怕自己會拖累他人。他們有時會主動選擇疏遠或破壞這段感情，以此維持自身的安全感。

當憂鬱型人格者決定開始一段親密關係時，他們又會因為自我價值感的缺失而小心翼翼——「他／她不開心是因為我不夠好嗎？」「我這麼做能讓他／她開心嗎？」他們過度關心戀人的反應，希望從戀人的態度中得到愛、認可，以及穩定且長久的支持、保護、包容。

● 愛上愛你的感覺

在親密關係中，憂鬱型人格者認為全身心投入才是愛的真諦。因為他們害怕被孤立、被拋棄，害怕獨自一人的孤獨與寂寞，所以他們時刻都是純粹的利他主義者：無私付出，富有同理心；一心一意為對方考慮，無條件地支持對方；順從，害怕衝突。他們認為，只有這樣，他們在戀人心中的地位才會無可取代。

他們永遠在追求一種極致的親密關係，當戀人的所作所為不像他們預期的那樣時，他們會將之視為對方不夠愛自己；當他們發現兩個人之間需要一定的距離時，他們會認為自己不再愛對方了。

如何擁抱一隻刺蝟

慢慢地，憂鬱型人格者會發展出一種「你即是我」的依戀關係。在這種關係中，他們把自己變得和戀人一樣。他們會完全按照戀人的方式生活，放棄自己原有的好惡，與戀人感同身受，並且所思所想皆同步。

對極致親密感的追求與害怕被拋棄的執念，造就了憂鬱型人格者「我愛你，這與你無關」的想法。這種完全融入對方，**「用愛吞噬對方」的行為**，使憂鬱型人格者既不願發展自我，也不允許伴侶擁有自我。慢慢地，他們會發現自己愛上的只是「對戀人的感覺」，而非愛上了「戀人」。

● 我配不上優秀的你

在親密關係中，憂鬱型人格者經常顯得孤獨、空虛，渴望對方的關心和穩定的生活，但是又**習慣性地認定自己不配擁有美好的愛情，或者你對他的好**。他們誠惶誠恐，渴望親密，又怕自己的某些行為會令戀人不滿意，這種矛盾的心理讓憂鬱型人格者「欲迎還拒」。

很多時候，他們會因為懷疑自己配不上對方而盡可能地補償和付出，尤其是在金錢、家務、情感等方面。他們甚至會原諒伴侶的反覆出軌、家暴。同時，由於他們內心深處的自卑感，他們不敢肯定自己的價值，以至於伴侶的一句批評、拒絕都會激發他們的愧疚感——「他說的可能是對的，是不是我真的不夠好？」因此，憂鬱型人格者很容易陷入「懷疑自己」的惡性循環中。

當他們長期受到消極情緒的影響時，他們可能會因習得性無助，而無力離開這段不夠好的關係。

我的柔情，你似乎不懂

憂鬱型人格者一般看起來比較柔弱，講話時柔聲細語。他們看起來多愁善感，行動比較遲緩。他們從不會隨意將自己的憤怒或悲觀的情緒發洩出來。所以在外人看來，憂鬱型人格者和普通人似乎並無不同。但是在親密關係中，憂鬱型人格者會經由傾訴或情感綁架，讓對方承受自己的苦悶和負面情緒。

一方面，他們的內心想要伴侶的陪伴和關愛，希望自己是被偏愛的一方；另一方面，自卑情結讓他不敢從容地接受對方的付出，他們因為害怕自己「沒有資格」而愈來愈優柔寡斷，他們看似柔情似水，實則靦腆、扭捏。一旦伴侶失去了耐心，不理解他們身上特有的憂鬱特質，將憂鬱型人格者的楚楚可憐看成故作姿態，兩人之間的感情就會出現裂痕。

愛上憂鬱型人格者：這一路上的風霜雨雪

和憂鬱型人格者談戀愛是什麼感受？那種感受就是既心累又心疼。

憂鬱型人格者脆弱且敏感，容易陷入低落的情緒中，內心缺乏安全感。因此對於愛情，他們充滿了渴望，希望在愛情中得到治癒。他們會像愛自己一樣全身心地愛你，有時內心也充滿了矛盾，一邊抱怨著談戀愛好累，一邊又努力給你更多的愛。

很多時候，你即使能看出他們在「裝模作樣」，卻猜不透他們的內心。甜蜜是真的，心累也是真的。與憂鬱型人格者的戀愛旅程注定充滿風霜雨雪。儘管你疲憊不堪，但你仍想和對方攜手克服這段折磨人的階段，感受愛情的甜蜜。

在剛遇到憂鬱型人格者時，你會被他身上的獨特氣質吸引。從表面上看，他沉著、冷靜、穩重，在日常交往中隨和、淡然，你會不自覺地被對方這種神祕的疏離感吸引，忍不住想走近他。

愛上憂鬱型人格者後，你和普通的戀人一樣，想要敞開心扉和他交流，擁有如膠似漆的甜蜜愛情。但他給你的感覺卻是冷淡和抗拒。你開心又激動地想和他分享生活中的點滴，但收到的只是他簡單的一兩句回應，他的反應就像一盆冷水澆滅了你內心的火苗。你滿心期待著和他約會，有好多話想和他說，但真正見面後，他的拘謹和冷淡卻讓你不知從哪說起。你不禁開始懷疑，他是否愛你。

其實對憂鬱型人格者來說，他們不是不想要愛情，他們對愛情充滿了渴望，想要和另一半攜手前行，但他們習慣了獨自生活，很難突然間進入兩個人的生活，他們不願意主動談論自己的事情。而且**他們在內心深處常常覺得自己不夠好、有缺陷、沒有吸引力，不配得到另一半的愛。他們深愛著你，但表現出來的卻是冷淡和漫不經心**。

終於，你用時間和溫暖沖淡了對方內心的恐懼和冷淡，讓他開始慢慢依賴你，並且感受到兩個人攜手並進的美好。他開始慢慢地打開心底的枷鎖，與你分享他的內心世界。

但當你走進他內心的大門時，你看到的不是明媚的陽光，而是濛濛細雨。在他眼中，你總是那麼優秀，他會因為你記得他的愛好而感動，又會因為你工作勞累而心疼，他一心一意地為你考慮，無條件地支持你，甚至很少向你提出要求。

愛情給人的感覺應該像溫暖的陽光，但你總覺得他不開心、不幸福，他的頭頂似乎自帶一片烏雲。你與他分享平日裡開心的事，他卻向你傾訴充滿負能量的日常。兩個人出去約

如何擁抱一隻刺蝟

會時，他會不由自主地唉聲嘆氣。你再三詢問，他也不說。**他的不開心喚起了你的內疚感**，你以為是你沒有安排好這次約會，於是你處處小心，但最終他還是融入不到甜蜜的氛圍中。

你聽著他的嘆氣，你的心情也會跟著跌落谷底，你試圖開導他、安慰他，雖然他暫時露出了微笑，開心地和你擁抱，然而過不了幾天，同樣的情況會再次出現。

悲觀、消極、自我批評似乎已經深深地滲透進他的心底，他的多愁善感像綿綿細雨，但有時卻比狂風暴雨還要折磨人。

有時，你可能想結束這段感情。但**他的不安又會激發你的保護欲**，使你想要更好地愛他，給予他足夠的安全感。

偶爾你會感到疲憊又崩潰，但對於他，你仍有著說不盡的心疼與愛。兩人在一起的時間久了，你也接受了他的陰晴不定和憂鬱，你想要一輩子和他在一起，儘管這條路似乎很長很遠，並且充滿了風霜雨雪。

理解他：
開心並不是一件容易的事

憂鬱既是一種氣質特點，也是一種人格特點。一般人在戀愛的時候，特別是在熱戀時，極易被憂鬱侵擾，即想一個人想到憂鬱，沉溺在愛中。

通常，憂鬱指一個人感到低落、悲傷或絕望，並且很難從這樣的心境中恢復；對未來悲觀，有羞恥感、自卑感。憂鬱的人的自我評價十分負面，他們自我批評較多，自尊低，有深刻的無能感，對自己與他人比較挑剔。

人們習慣用悲傷、沮喪、無助、寂寞、不快樂、鬱悶、自責、不開心、沒有活力、沒有興趣等詞來描述他們。事實上，**憂鬱分為內攝型憂鬱和依賴型憂鬱**。前者指所有的情感都指向自己的內心，人常常出現自我攻擊，覺得自己不配擁有愛情和美好的生活，自我否定，對真實的幸福持懷疑態度。他們往往更喜歡愛上別人或者被別人愛的感覺，而不是愛這個人本身。

後者與依賴型人格較為相似。事實上，依賴型憂鬱者更看重別人的關心，而依賴型人格者更願意主動尋求關心。

通常，憂鬱型人格者的思想比較消極，**他們更容易陷入悲觀和失望，在親密關係中也更關心悲觀的部分，例如兩人遲早是要分手的**。他們會把親密關係中的不愉快歸因於自己，例如自己不夠好、不值得被愛。與此同時，他們可能還會以悲觀、絕望的態度看待伴侶——不管對方做了什麼，他們總覺得不滿意，經常自相矛盾。

由於憂鬱型人格者的體質偏弱，他們在講話時很溫婉，看起來多愁善感，往往更惹人憐愛。由於他們更容易為伴侶考慮，更易內疚、自責，這些特點會讓戀人認為他們通情達理、體貼入微。

憂鬱型人格者可能不會得憂鬱症，但他們看起來並不開心。他們的情緒體驗以消極為主，持續的負面信念、負面思維，以及負面生活事件，很容易將他們拖入憂鬱情緒的泥淖中。

關於憂鬱型人格的形成，學者們普遍認為先天生理因素的影響很大，很多研究都指向基因與激素水平的異常。

有憂鬱家族史的人形成憂鬱型人格的風險通常會更高。他們具有生理易感性、心理易感性，這些特點與生活壓力事件都導致其更易產生消極的認知藍圖。特別是早期經歷中的喪

親、被遺棄、被父母批評和指責、父母感情不和等，都會給敏感的他們投下一抹陰影；而成長過程中的負面生活事件的積累、消極的歸因方式、認知偏差等，都會對憂鬱型人格的出現起助推作用。

值得注意的是，憂鬱型人格不是憂鬱症，患憂鬱症的人的社會功能與自我功能都會受限，甚至受損，而憂鬱型人格只是一種人格類型。

憂鬱型人格者身上彌漫著憂鬱的氣質，這種特質在親密關係中熠熠生輝，會成為照進戀人心中的一束月光。憂鬱型人格者特別容易讓人心生憐惜，他們對親密關係忠誠且執著。

如何與憂鬱型戀人相處？

為愛尋找快樂

你有沒有注意到，當你的戀人遭遇挫折時，他們往往會將責任歸於他們自己？即使他們並未受到批評和指責，他們也會難過一段時間。這是因為憂鬱型人格者自我價值感低、沒自信，在遇到問題的時候，他們總認為問題是自己造成的。他們經常自我否定，在戀愛關係中，當對方不高興時，他們就會反思是不是自己做得不對。

憂鬱型人格者的內心非常脆弱，他們總是擔心自己的一言一行不能讓別人滿意。他們善於傾聽，卻總是不敢表達最真實的自己。

你和憂鬱型人格者在一起時要小心翼翼，因為這隻「小刺蝟」隨時都有可能將敞開的內心再一次封閉起來。但是他們並非無藥可救，他們非常渴望關心和鼓勵。

你如果愛上了憂鬱型人格者，不妨試試以下方法，或許這些方法會讓你們的關係更親密。

1 傾聽他內心的聲音

「你走吧，不用管我。」

憂鬱型人格者不善於表達自己，但又非常渴望得到別人的關愛，即使自己的內心很難過，也不願意找人傾訴。

那麼，你如何瞭解他的內心呢？當你向他傾訴自己的煩心事時，你可以緊接著問一句：「你今天遇到讓你難過的事情了嗎？」此時，他可能會表達自己的情感。如果你不問，他或許永遠也不會說。**你需要成為主動的那個人，多關心發生在他身邊的事情**，這樣即使他「一言不發」，你也可以猜透他的「小心思」。

當你和他溝通的時候，你可以盡量引導他多表達自己的真實想法，並且你在遇到困難的時候，也要告訴他，**讓他感覺到你需要他**，**讓他有一種價值感**，讓他意識到你生氣並不是因為他，避免他再次陷入胡思亂想。

他的敏感和細膩會讓他富有同理心，但是他們也會因此讓自己的想法偏離事實。所以，當他對你的行為表現出不滿的時候，你可以表現出包容和理解，其實他們並無惡意，只是需要你一次次地幫他解開心結，告訴他：「我一直都很愛你，我剛才的行為不是針對你。」在一次次的解釋中，你或許會很累，但是這能幫助你們建立一種更穩定的關係。

2 疏導他內心積壓的情緒

「我感覺自己一無是處。」

此外，憂鬱型人格者善於自我覺察，有時甚至會出現很強的自我負罪感。作為憂鬱型人格者的戀人，你要**避免指責他**，避免增加他的心理負擔，要對他進行鼓勵，幫助他建立自信。

例如，「我感覺你今天有點煩躁，你是遇到什麼事情了嗎？」他會藉此機會表達自己的感受，你可以接著鼓勵他：「你做得很好了。你在我心裡永遠是最棒的。」相信在你的鼓勵下，他會慢慢成為一個自信、陽光的人。

我們熟知的詩人海子就是典型的憂鬱型人格者，其生命永遠定格在二十五歲。他總是對自己曾經犯下的錯誤「念念不忘」，把所有的錯都歸結在自己身上，甚至在自殺的前一天，他還在向朋友懺悔，覺得自己的行為傷害了自己曾經深愛的女孩。

如果你的戀人對以前發生的事情一直感到懊悔，你就需要意識到這是一個危險的訊號。你可以試著幫他走出這片陰霾，不斷鼓勵他、支持他，讓他重新體會到自身的價值感。

3與他一起正向思考

「我是有缺陷的，而且無法改變。」

憂鬱型人格者的思考方式往往是負面的，他們習慣從消極面考慮事情。他們對待當下和未來也很消極，「事情不會變好的」，這是他們的常態，因此他們往往也做好了最壞的打算。

因此，我們也可以說他們是「悲觀主義者」。如果你發現戀人出現情緒低落、價值感降低、睡眠和飲食不協調等狀況，你就需要予以關心了。

怎麼幫助憂鬱型人格者正向思考呢？有效溝通很重要。

有效溝通涉及三個關鍵字：覺察、鼓勵、延伸。你要覺察什麼？你要覺察對方在溝通時想重點表達的意思。此外，作為伴侶的你要增強對自我的覺察，因為你可能會被他的情緒「傳染」。

在鼓勵對方時，不要說：「你趕緊好起來！」而要說：「我相信一切都會過去的，一切都會好的，不要急，我們一步一步來。」此外，你也要切記，避免說：「不要怕，想當初我也這樣，後來就好了。」你要延伸什麼？你要根據對方的表達，延伸對方的看法，當然是積極的看法。例如，對方說：「我覺得自己很失敗。」那麼，你就可以問：「你覺得自己在哪些方面失敗呢？」他可能會說：「我長得不好看，賺錢也不多，每個方面都不好。」

這時，你就可以發表自己的看法了：「可是你把我照顧得非常好呀。」這些話，可以讓**他慢慢發現自己的價值**。

4 幫他一起走出陰霾

「一起出去晒晒太陽吧。」

憂鬱型人格者往往活在過去，而不關心當下，例如他們會經常感覺：「我一直都沒有感受過快樂。我好孤獨。」作為伴侶的你，這時的感受是壓抑、心疼，還是無奈？伴侶首先要做憂鬱型人格者生命裡的光。

一方面，你可以多帶他出去走走、看看，幫助他先從之前的封閉圈中走出來，嘗試與他人接觸和交往，盡量不讓他獨自待在某個環境中太久，要幫助他建立和諧的人際關係。你還可以幫助他發展一些興趣和愛好，如踢球、看電影、聽音樂、下棋、跳舞。你可以和他一起參加這些活動，經由運動緩解他的憂鬱情緒。

另一方面，你可以幫他改變其居住環境。研究發現，陽光或明亮的人工光線，可以改善人的憂鬱心境。此外，寵物也可以起到陪伴的作用，這本身就是一種療癒。

假如你是憂鬱型人格的刺蝟

憂鬱型的刺蝟獨特且迷人，他身上的刺令人目眩，讓他與眾不同。擁有憂鬱型人格的個體自帶吸引力，這種壓抑的人格特質，有時是吸引異性的「絕密武器」。

1 接納自己，真心愛自己

允許自己以獨特的方式存在，慢慢學習與自己的情緒、特質及當下的狀態相處，不要被自己的憂鬱特質控制，慢慢學習與憂鬱特質保持一定的距離。

接下來，**你要看一下是什麼令自己如此憂鬱**。是內心沒有實現的願望，還是潛意識的自我攻擊？憂鬱型人格的女性更容易吸引異性的關心，會激發對方的保護欲和憐愛。

如何擁抱一隻刺蝟

2從愛上自己伴侶的感覺中走出來

戀愛之初，你的憂鬱特質會令戀人神魂顛倒。但隨著親密關係的深入，你身上的那些悲傷、憂鬱的特質會慢慢成為你們交往中的一個個小冰塊，你需要戀人的愛融化你內心的冰塊。你會不知不覺地愛上戀人的感覺，這會令你活在戀愛的感覺中，而不是現實中。

3真的愛上你的戀人

你要慢慢釐清感覺與現實，從自己的感覺中剝離出來，透過迷霧看真人，透過現象看本質。因此憂鬱型人格者在愛情中要能夠接納真實的人，而真實的人都有自己的特點與性格。這樣憂鬱型人格者才能接納現實中的戀人，即一個有血、有肉、有軟肋的真實戀人。

4憂鬱型人格者彼此吸引

兩個憂鬱型人格者會相互吸引，而隨著相處的深入，兩個人之間會彌漫著悲傷的氣氛。**適合憂鬱型人格者的戀人是溫暖型的人**，有一定的心理彈性、有活力的人是最適合他們的戀人。這樣的人能帶動憂鬱型人格者慢慢融入現實，擁抱真實的世界。

電影推薦：《阿娜答有點blue》

電影《阿娜答有點blue》是日本導演佐佐部清的作品，於二〇一一年上映。劇中的男主角高崎幹男（堺雅人飾演）為人細緻，做事一絲不苟。他習慣每天早上做便當，並按照日期，搭配便當中的乳酪和自己的領帶。但是在巨大的工作壓力下，幹男看似平靜的內心漸漸失去了平衡。為了讓丈夫盡快恢復如初，晴子（宮崎葵飾演）以離婚相要脅，迫使幹男辭職，休養身心。

在影片一開始，幹男在工作中遇到了諸多困難，例如客戶的刁難、老闆的不理解。雖然幹男和平時看起來一樣，其實他很早就出現了食欲減退、記憶力變差、長期失眠、自我評價愈來愈低的症狀。他感覺自己什麼事情也不會做。漸漸地，晴子發現了幹男的異常，因為他平常最喜歡做便當，而且特別喜歡吃便當裡的乳酪，但有幾次晴子在他拿回來的餐盒裡發現很多剩下的乳酪。

有一天早上，幹男說：「我不會做便當了，我什麼都不會做，我好想死啊。」晴子勸他

如何擁抱一隻刺蝟

去醫院看看，但是他害怕耽誤工作，給公司和同事帶來麻煩。最終，醫生告訴他，他患上了憂鬱症。即使如此，幹男想到的仍然是上班，此時的晴子回想起了之前的事，自己以前是一個比較懶的人，只愛畫漫畫，幹男為了讓自己可以安心創作，一個人承擔了太多家庭責任和工作壓力，這導致他變成了現在的樣子。

經過專業的治療，幹男的症狀得到了明顯的改善，他的臉上出現了陽光般的笑容，但是有時他依然會找不到價值感。特別是在陰雨天的時候，他的精神壓力很大。

與一般人不同，晴子沒有認為丈夫的憂鬱是矯情，她細心傾聽丈夫的想法。她以離婚相逼，讓幹男辭去工作，以便他安心休養。

幹男失業後，家庭收入驟減，失業保險並不能維持兩個人現在的生活。在這種情況下，晴子鼓足勇氣，找到了一份為書籍創作插畫的工作，這卻刺激了幹男。因為一直以來都是幹男為家庭不斷付出，他為自己「得病」而內疚，他覺得自己是家庭和社會的累贅，他不停地哭著說：「對不起，如果我不在的話，大家都會很輕鬆。」

他有時甚至會因為晴子在工作中出現的不耐煩情緒而產生自殺的念頭，覺得自己沒有價值。然而，晴子對他說：「你如果痛苦的話，就不要努力了，順其自然，享受當下，便是最好的選擇。」

在晴子的陪伴下，幸運的幹男勇敢地邁出了一大步。當晴子和幹男一起乘坐他平時上早

班的地鐵時，才知道原來丈夫平日這麼辛苦，她對丈夫的付出很感慨：「地鐵裡這麼擁擠，老公你這些年居然能忍下來，你真棒。」

這是幹男一直以來都想聽到的，這句話徹底衝破了他的情感防線。他在擁擠的車廂裡失聲痛哭，積壓在心中的憂鬱情緒終於得到了釋放。慢慢地，兩個人的生活也重回正軌。

第九章

反社會型人格的愛情

反社會型人格的愛情

反社會型的刺蝟充滿攻擊性，在親密關係中渴望獲得操縱感。

對我們而言，愛情是非常美妙的感情，枕邊人與我們的關係無比親密。可是，一旦你不幸地被反社會人格的他選中，你會發現自己在愛情中陷入了萬劫不復的境地。

案例：衝動與冷靜

在不幸的愛情中，眼淚都是多餘的

二〇一九年九月六日，一位在懸崖下迷路的遊客，發現了一名墜崖的中國孕婦，她就是故事的主角王暖暖。

被發現時，王暖暖的腿已經露出了骨頭。她全身多處骨折，滿臉是血。如果不是因為她先掉落在樹上，從高處墜落的她可能早已看不到第二天的太陽了。原本開心地與丈夫一起在泰國遊玩的她，怎麼也沒想到自己竟然會掉落懸崖，並且是被自己的丈夫親手推下的。

王暖暖後來回憶說，在事發的前一秒，丈夫俞某正抱著她，親吻她，下一秒他便化身惡魔，毫不猶豫地將她推下了懸崖。俞某在推她的時候，完全沒有猶豫，動作乾脆俐落，一氣呵成，同時他還在王暖暖的耳邊惡狠狠地說：「你去死吧。」

站在懸崖邊，享受山上新鮮空氣的她還沒有反應過來，就被抱著自己的俞某狠狠地往前推了一把，然後她身體騰空，失去了知覺，醒來已經是一個小時之後的事了。

懸崖之下，隨時可能有猛獸出現。她全身多處骨折，完全無法動彈，血液倒灌，導致嗓子無法發聲。絕望的王暖暖彷彿已經看到了自己的結局：死亡。幸運的是，一位迷路的遊客發現了她，並將她送往醫院。

當發現妻子並沒有如自己所願地墜崖身亡時，俞某又做了什麼呢？俞某急匆匆地趕到醫院，裝作非常著急的樣子，彷彿真的是一個發現妻子死而復生的丈夫。

當王暖暖質問他為什麼要這樣做的時候，俞某恐嚇王暖暖，讓她不要亂叫。他說，沒有證據能證明她說的話。如果他被員警抓了，那麼他回來後絕對不會放過她。

王暖暖知道，俞某連殺人都做得出，這個恐嚇絕對是真的。為了保全性命，她不敢再出聲。在員警來做筆錄時，她說自己是因為頭暈不小心摔下了懸崖。

之後，俞某二十四小時貼身監視她，並且賊心不死——在王暖暖入院的第二天，他不顧醫院的反對，想強行把王暖暖帶走，試圖再次謀殺。幸好他被醫護人員攔了下來。後來在王暖暖的懇求下，俞某才略微放鬆警惕，同意通知兩個人都認識的一位朋友。至此，王暖暖才有機會說出真相——她被自己的丈夫蓄意謀殺。

美好的相遇，原來是處心積慮的預謀

俞某是因一時衝動才做出這樣的事嗎？並不是。從俞某追求王暖暖起，他就已經在算計她了，只不過當時的他可能也沒想到自己會走到殺人這一步，畢竟當時的他自信地認為王暖暖會心甘情願地滿足他的所有需求。

當時的王暖暖是眾人眼中的成功女性，她聰明、美麗、為人大方，靠著自己的努力，在異國他鄉拚下了一份事業。她經營著屬於自己的實體店、民宿和中餐廳，生活頗為富

裕。這樣優秀的她成了劣跡斑斑、一身外債的無業遊民——俞某的獵物。俞某急需找一位「金主」，幫他解決經濟問題。而在聚會中認識的這位身家頗豐的王暖暖就成了俞某的獵物。

於是，俞某對王暖暖展開了猛烈追求。他先仔細研究了王暖暖的社交平台，瞭解了她的喜好，之後按照王暖暖的喜好，把自己偽裝成她喜歡的樣子，開始了一段充滿欺騙和愚弄的追求。

常年獨自在異國打拚、飽受孤獨折磨的王暖暖哪裡體驗過這般熱切的追求？於是渴望有人陪伴的她很快淪陷了。兩個人確定關係後，俞某更加積極了，他可以天天為王暖暖下廚，可以僅僅因為王暖暖的一句「喜歡」就去比較遠的地方買早餐。兩個人外出時，俞某會搶著買單。

不久之後，俞某就向王暖暖求婚了。起初王暖暖沒有答應，於是俞某堅持每天向王暖暖求婚，卻完全沒有考慮自己每天求婚是否會給對方造成困擾。

王暖暖和俞某在認識兩個月後結婚了。她本以為這是美好生活的開始，卻沒想到婚後的俞某像變了一個人似的——他不再花心思寵愛王暖暖，甚至對王暖暖漠不關心，整日沉迷遊戲。

如何擁抱一隻刺蝟

有一次，王暖暖在他的眼前跌倒了，他只是冷漠地看了一眼，然後繼續玩遊戲，彷彿什麼都沒發生過。婚前說要找一份工作，努力賺錢養家的俞某，卻在婚後整天待在家裡，無所事事，毫無責任感地花著妻子的錢。

婚前，王暖暖被俞某的欺騙蒙蔽了雙眼，婚後，才知道俞某一直沒有正式的工作，而且惡習非常多，甚至連俞某在婚前說的「因為意外入獄八年」也是假的。他曾多次犯罪，法院的判決書上寫著「屢教不改」，他最終被判了十二年。

慢慢地，俞某的本性徹底顯露了出來。俞某追求王暖暖就是為了找一位供自己揮霍的「金主」。終於有一天，俞某對王暖暖說，自己交友不慎，被朋友騙去賭博，欠了一百萬元的債，已經走投無路了。他希望王暖暖能幫他還債，並表示以後會好好過日子。於心不忍的王暖暖答應幫忙還債，並讓俞某幫自己打理生意。俞某同意了，並開始主動協助王暖暖，王暖暖以為她真的可以感化這個男子。

其實，俞某只是在愚弄王暖暖，他心裡另有打算。

之後，俞某直接從公司的帳戶上拿走了五百萬元用於賭博。盜用公司財務是不是已經構成了犯罪？這麼大一筆支出會不會影響妻子的生意？這些事情俞某完全不在乎。

當錢都被輸光之後，俞某又痛哭流涕地請求妻子原諒他。王暖暖再次選擇了原諒俞

某，卻沒想到，俞某之前的懺悔都是假的，他完全沒有悔過之心，卻開始計畫一場更大的陰謀——謀財害命。於是，就有了最開始的那一幕——他毫不猶豫地將自己的妻子推下了懸崖。

愛情中的「惡魔」顯身

俞某善於偽裝、欺騙，為達目的不擇手段。他懶惰、冷漠、毫無責任感，可以看著自己的妻子在眼前跌倒而無動於衷。他不願意承擔家庭責任，只希望能有一位「金主」無私地為自己付出。

此外，俞某對法律毫無敬畏之心，他可以為了達到目的，毫不猶豫地做出違法行為。他將「死亡之手」伸向了本應與之相濡以沫的妻子，他為了賭博而大額盜用妻子的公司資產。像俞某這樣的戀人是愛情中的「惡魔」。

俞某就是典型的反社會型人格。

反社會型人格的愛情藍圖：愛情裡不能說「不」

那麼，一方是反社會型人格的親密關係是什麼樣子的呢？

有人說：「最恐怖的愛情就是你的戀人正好是反社會型人格。」**反社會型人格者的共同點是沒有同理心、缺乏道德感、沒有底線。**

他們根本無法自我反省，也毫無同理能力，很難明白愛和關懷的意義。他們的心靈極度空虛，其情感體驗能力也非常弱，他們很難與其他人建立真正的關係。

他們可以「戀」，但不會有「愛」。在這樣的親密關係中，愛會表現為「捆綁」，甚至「報復性的愛」——你必須根據他設定的愛的模式愛他。他們喜歡在感情中操縱對方。

從心理學的角度來講，反社會型人格者活在一元世界裡，即他自己設定的世界。嚴重的反社會型人格者的內心一片荒涼，是一片情感的沙漠，他們極少體驗到人的感情世界的溫暖與愛。他們很善於偽裝，特別是在相識之初，他們會表現得溫情脈脈、自律、自信，並顯示出超出自己年齡的成熟。

男性反社會型人格者是天生的「戀愛殺手」。他們的身上散發著一種獨特的吸引力，這讓女性難以抽身。一旦親密關係確立並且穩定下來，他們就會原形畢露——他們會慢慢提要求，把戀人引入自己的規則，經由精神控制把戀人變成愛情傻瓜。

在對方逐漸愛上他們後，他們就能完全地掌控局面，不斷地提出自己的想法。對所有不合常理的事情，都有一套「歪理」。更可怕的是，對方不僅會相信他們的辯解，還會說服自己認同他們。

他們從不覺得自己的生活方式有問題，也藐視一切社會規則。他們根本不在乎別人對自己的評價，因為他們永遠按照自己的規則行事，而不是社會的規則。

戀人在他們眼中就像一個無生命的木偶。他們不在乎這個木偶是否會傷心、是否會痛，他們只在乎自己在這場「遊戲」中是否能「獲勝」，是否玩得盡興。

電影《自殺突擊隊：集結》中的小丑就是典型的反社會型人格者。小丑與小丑女之間瘋狂而另類的感情線備受矚目，觀眾都認為哈莉就是小丑的真愛。

哈莉原名哈莉·奎澤，她是在阿卡漢精神病院工作的精神科醫生。這份工作讓小丑成了她無法抗拒的羈絆，「生命因和你在一起的每一刻而存在」的情話，讓哈莉墜入愛河。

為了變成站在小丑身邊的罪惡皇后，哈莉承受了電流直擊大腦的傷害，經受了跳入化學

如何擁抱一隻刺蝟

池的考驗。哈莉變得更偏執、更瘋狂、更無懼了，她為了愛，變成了真正的小丑女。

那麼，能說會道且帶著「菁英」面孔的小丑也動心了嗎？他自己都不確定。但哈莉已然變成了他的軟肋——他冒著戰火，為了救小丑女而劫獄，他在她的耳邊輕聲說：「跟我回家。」哈莉跳進化學池後，他轉身走了兩步，然後眉頭一皺，也跟著跳了進去。

然而，在蝙蝠俠步步緊逼的生死關頭，小丑依然不顧哈莉的呼救，驅車衝進水中，獨自一人離去了。小丑女有了新的朋友後，小丑的控制欲再次燃燒起來，因為他認為自己才是哈莉的塑造者。

小丑不怕子彈、不怕炸藥、不怕死，卻害怕面對哈莉的心。太多的來自這個世界的冷漠，早已讓他變成一個冰冷的人。他害怕這些愛和這個人，這個和他一樣瘋狂的人，因為這些會讓他變得不再堅硬。

小丑問哈莉：「你會為我死嗎？你會替我活嗎？」由此，我們不難看出，生才是他眼裡最可怕的事。

小丑作為反社會型人格者的代表，完美地詮釋了什麼是極端的自私。

然而，現實是我們都希望對方毫無保留地愛自己，又害怕對方的世界裡只有自己。在《小丑女》的動畫劇集中，哈莉在兩次被拋棄後與小丑分道揚鑣，重獲新生。

與反社會型人格者戀愛的你，請立即停止這段關係吧。

反社會型人格的愛情寫真：

你的愛情，我的噩夢

以愛之名的操縱

首先，反社會型人格者會用一種激烈的方式表達他對你的「愛」。他可能會找到你的弱點，利用你對他的愛和你的弱點，對你進行言語攻擊，降低你的自尊，令你形成一種負罪感，即覺得「我虧欠他」、「我配不上他」。

其次，反社會型人格者會以「愛」的名義，利用這種負罪感，對你進行精神打壓或精神控制。

例如，北大包麗案中的男主角說：「你不是愛我嗎？如果你愛我，你就得聽我的。」「只要你聽我的，我就把你娶回家。」「是你自己選擇了這樣的生活，你只能接受。」這些話會讓你覺得「我得為他付出」、「我應該更愛他」。最後，在你想要分手或退出的時候，他會恐嚇你。**直接的言語羞辱和身體上的脅迫**讓你無法逃離，只能聽從於他。

反社會型人格者天生缺乏同理能力，冷酷無情且漠視他人。

在親密關係中，他們在感受能力方面的缺陷，卻造就了出類拔萃的觀察能力。他們的情感反應能力弱，對懲罰的恐懼感也相對較弱，因此其道德感也很弱。在這種情況下，反社會型人格者能比正常人更快地捕捉到你的語言、微表情、肢體動作及其伴隨的情緒變化。

這也讓他能夠利用影響你的情緒因素，對你進行精神控制。

反社會型人格者也能夠從這種「戰勝他人」、「操縱他人」的過程中獲得滿足感。

看似有情，實無情

在親密關係中，反社會型人格者並不像正常人一樣情緒豐富。在沒有觸及其利益的情況下，反社會型人格者的情緒是深藏在心中的，他們常處於一種極端冷靜的狀態。

正常人在看到美好的事物時，如鮮花盛開、戀人久別重逢，都會有強烈的幸福感。但反社會型人格者不會，反社會型人格者感受愉悅的能力不足，缺乏快樂的原動力。他們需要找尋激烈的、刺激的體驗，並且常常把自己的快樂建立在別人的痛苦之上。而一旦反社會型人格者感到不快，或者心生妒忌，他就會以極端的方式報復對方。

親社會行為的稀缺

與反社會行為相對的就是親社會行為，它是指對行為者本身無明顯的好處，而能給他人帶來利益的一類行為。這類行為符合社會期望，且是由行為者自願做出。例如，樂於助人、分享自己的知識和經驗、關心弱勢群體。

反社會型人格者對於親社會行為的一貫想法是「我才不做那些，我和普通人不一樣」。「我只想看我喜歡的電影」、「我只去我喜歡的餐館」、「那些事與我無關，我才不管」等，是反社會型人格者在親密關係中常說的話。

他們往往具有三個特徵：一是高社會否定性，即他們常常違背公序良俗；**二是廣泛的社會危害性**，即他們的行為常常會對他人的人身、財產安全造成威脅，還會干擾社會秩序；**三是自利性**，即他們只顧表達個人的社會態度和情緒，卻不顧及他人的感受。

在親密關係中，缺乏同理

反社會型人格者有「天然缺乏社會情感力的人格問題」。「天然缺乏」是指這種缺失可能源自遺傳因素，所以他們最大的特點就是缺乏同理能力，他們很難與別人建立親密關係，不輕易對戀人的情感做出回應，而對方也就無法經由交流與反社會型人格者形成情感關係。

當戀人因某事難過或焦慮時，反社會型人格者往往無法理解其內心感受，也不會做出安撫、陪伴的行為。反社會概念中的「反」字不是指「反抗社會」，而是指與社會屬性「相反」，即「**缺乏與社會共鳴的情感力**」。

在接到戀人的回饋和示愛後，他們表現得無動於衷，因為他們無法與戀人產生共鳴，缺乏感受他人的情誼，並予以回報的能力，例如英劇《新世紀福爾摩斯》中的福爾摩斯。他並不在意他人的情感，因為他感受不到，他將注意力全部集中在案件上。由於他們在情感方面的異常，他們永遠不會審視或反省自己內心的問題。

事實上，在《新世紀福爾摩斯》中，福爾摩斯明確地知道自己是反社會型人格者。

衝動，暴力，不可理喻

在親密關係中，反社會型人格者常常會將自己的失敗歸咎於親人或戀人，且極易衝動。極端的自私自利、缺乏對對方的尊重、漠視社會規則和倫理道德，這些反社會型人格特徵極易導致情緒失控。

他們的腦海中缺少一種過濾機制，大腦的行為反應機制跳過了思考後果、法律、倫理的

過程，直接從「我要做」過渡到「我現在就要得到滿足」。情緒失控往往會演變為家庭暴力。

漠視戀人的需求

在親密關係中，反社會型人格者對戀人的感受和需求，往往抱持冷漠、輕蔑的態度。他們對自己的伴侶缺乏責任感，無視對方的情感需求，甚至會在情感上剝削對方；無法對伴侶保持忠誠，更無法承擔為人父母的責任。

如果你愛上了一個反社會型人格者，還堅信自己瞭解他，可以改變他，那麼你的結局很可能和小丑的追隨者哈莉的結局一樣——她瘋狂地迷戀著小丑，願意為他跳進化學池，以求得小丑的回應，然而小丑卻一再捨棄她。

反社會型人格者很少對戀人產生心理上的依戀，也不太認同自己的養育者，他們缺乏與重要客體建立關係的能力，相反，他們認同自己內部原始的「自體客體」，在任何情況下都只考慮自己——在戀愛時，他們會選自己喜歡的餐館和電影，絲毫不會顧及戀人的需求；在娛樂時，他們甚至會因為怕對方打擾而刪除對方的聯繫方式。

愛上反社會型人格者：在刀尖上跳舞

與反社會型人格者相戀是一種什麼感覺？

曾有一位反社會型人格者的戀人這樣形容過：「你會被他的魅力吸引，但更會因他的冷漠恐懼。對他而言，得不到的就應該被毀掉，即使對方是他最親密的人。」

如果你被一位反社會型人格者追求，那麼你先要思考一下他是不是真的愛你，因為反社會型人格者往往並不懂愛是什麼，**他們所做的一切有可能僅僅是為了滿足自己的欲望。反社會型人格者極擅長觀察，他們會仔細「研習」你的情緒、思考方式，以便投「你」所好。**

在這段感情的開始階段，他會把你當成「獵物」，然後按照你的喜好，設置「陷阱」，對你展開猛烈的追求，使你迅速淪陷。

「迅速」是他們追求模式的重要特徵。因為反社會型人格者在做事時非常衝動，而且無法長時間投入一件事。所以當你被反社會型人格者追求時，你會覺得這段感情來得很突然，而且他會很快進入下一個階段，例如向你求婚。他有無數種辦法讓你同意他的請求。

在你與他深入交往後，你會發現他的感情並沒有他之前表現出來的那麼熱烈，恰恰相反，你會覺得他非常冷酷、空洞、無情。

當你遇到困難或者感到痛苦，想向他尋求安慰的時候，他只會冷漠地對待你。他把自己的內心隱藏得很深，因此在戀情中，他沒有辦法體驗任何深刻的情緒和感受。

你會發現，在這段感情中，一直都是你在付出，而他卻沒有半點責任感，尤其是在經濟方面。

反社會型人格者在與戀人相處時，從不履行經濟義務。一開始，你可能會被他偽裝出來的樣子迷惑，但相處一段時間後，你就會發現，他充滿魅力的外表背後卻是一個無底深淵。

他會為了達到自己的目的，做出許多有悖道德的事情，並且從來不考慮這些事情的後果。如果你沒有滿足他的需求，或者直接拒絕他，他便會產生偏激的想法，更有甚者，會經由威脅你來達到自己的目的。

愛上反社會型人格者的你，還有一個特別明顯的變化，就是你會發現自己的底線愈來愈低。

在俞某做了那麼多過分的事情後，王暖暖仍舊選擇原諒，並天真地以為自己能夠感化俞某。這是每個與反社會型人格者相愛的人都會經歷的事情。因為反社會型人格者特別會

「賣慘」，這是他們屢試不爽的招數。

當善良的你面對他的痛哭流涕時，你會對他心生憐憫，並選擇原諒他，甚至幫他解決困難。**你以為自己是在拯救他，其實是他成功地操縱了你。**

反社會型人格者藐視一切社會規則。在反社會型人格者的世界裡，所有的「遊戲規則」都是他們自己制定的，所有的對與錯，也都只在他們自己的一念之間。

如果你試圖用示弱或者講道理的方法感化他，等待你的結果，只能是失敗。而一旦他覺得你開始影響他的生活，並且不能繼續滿足他的欲望，他便會用極端的方式對待你。

與反社會型人格者戀愛注定是痛苦且危險的。他們不懼世俗與法律的約束，永遠生活在自己的世界中，有一套自己的處事法則，而你在這段關係中，永遠處於被動的位置。你一次又一次地放低底線，最終導致他做出更多傷害你的事情。

躲開他：

缺乏基本道德，無視規範

反社會型人格者常常有反社會行為，一部分人會侵犯他人或公眾的權利，無視社會規範與習俗。在某些情況下，他們甚至會出現違法行為，他們會為了自己的利益，毫不猶豫地侵犯他人的利益。

反社會型人格者中的一部分人相當冷酷，在他們的詞典中，沒有「懊悔」，更沒有「內疚」。他們常常會選擇不負責地、衝動地生活。

這類人格的形成往往與不成功的家庭教養有關，例如過於嚴苛的父母、不一致的管教方式、複雜的家庭關係、暴力等。這類孩子在成長過程中缺乏情感連結與輸入。

他們在處理社會關係時，往往帶有偏見——認為他人懷有敵意，認為自己受到了不公平的對待。他們也會表現出認知缺陷，在面對衝突時，不會採用非暴力的反應方式。早期的身體虐待、嚴苛的教育等，都會導致這類問題。

如何擁抱一隻刺蝟

反社會型人格者的早期學習經驗缺乏一致性與可預測性，他們極少因為做「正確的事」受到獎勵，他們可能承受了嚴酷的體罰。成年之後，他們不太重視他人的期待，但他們善於察言觀色，善於利用有用的資訊，獲取個人利益，卻不在意其行為是否會危害他人。

反社會型人格者通常認為自己的行為是合理的，即使他們有適應不良的問題，即使他們覺得痛苦，他們也不太可能認為自己的行為有問題。

不要與反社會型人格者相處：
及時止損，全身而退

反社會型人格者像是「一隻披著羊皮的狼」。在外人面前，他們通常會散發「萬人迷」般的魅力，是大眾眼中的成功者。他們能言善辯、英俊瀟灑，對異性極具吸引力。但是你與反社會型人格者真正相戀後，會發現你的噩夢開始了。

一方面，他們往往有不良的早期經驗。如果個體在幼年時遭受過虐待，他們很可能會認為「這個世界就是如此」。另一方面，他們的大腦結構異常，這導致他們對於情緒性詞彙反應遲鈍。

如果你真的愛上了一個反社會型人格者，並且發現對方存在尋求刺激、道德感弱、有暴力傾向等問題，你就需要認真思考一下你的脫身之道了。你可以從以下幾個方面進行考慮。

1 提高辨別能力

美國知名臨床精神病學專家瑪莎・斯托特博士在《當良知沉睡——辨認身邊的反社會人格者》一書中寫到，**反社會型人格者最大的一個招數就是裝可憐**。例如，電影《希望：為愛重生》裡的那個全身都被淋濕的大叔。八歲的小女孩好心地給大叔打傘，結果卻因此墜入深淵。

反社會型人格者在感情方面會不斷地給對方洗腦，剝奪對方的尊嚴。如果你發現身邊的人對你有很強的控制欲，不斷地挑戰你的底線，如果你嘗試與他靜心交談，瞭解他對社會、情感、利益、價值等的看法時，發現對方的想法和你大相逕庭，並且他試圖將自己的觀念灌輸給你，你就需要在心裡亮起紅燈了。

另外，除了與對方交談外，你還要觀察對方在日常生活中的「本能行為」，例如正常人在看到一個人摔倒時的本能反應是立刻扶起對方；正常人在看到朋友傷心、難過時的第一反應是安慰、關心對方，而反社會型人格者由於沒有同理心，往往會表現得很冷漠。所以，當你發現身邊有一個「完美」的人時，你一定要提高辨別能力，先辨別對方是否在逢場作戲，再決定後續的情感發展，千萬不能陷入「戀愛腦」。

2學會自我保護

反社會型人格的他不懂得愛人，即使他知道自己的行為會傷害別人，他也不會產生一絲一毫的罪惡感，更不會停下自己的腳步。因此，如果你發現你的戀人有反社會型人格傾向，請一定要學會保護自己。

對反社會型人格者而言，他在追求你的時候，你是「寶」，雙方確定關係後，你就是「草」。因此，不要試圖挑戰反社會型人格者，保持距離，千萬不要踏入對方的警戒線。

在行為方面，要保護自己，你就需要時刻警惕自己的行為是否越過了對方的「紅線」。反社會型人格者不會允許任何人踏入自己的世界，不要激怒他，不要試圖在某些方面勝過他，不要嘲笑他。

在心理方面，你需要時刻警醒，學會捍衛自己的心理邊界，千萬不能被反社會型人格者說服。當對方試圖踐踏你的人格，貶低你的價值時，你要意識到，這是他滲入你的思想的一種手段。

3保持警覺

如果你發現自己身邊有反社會型人格者，並且向你表達了好感，你一定要與之保持適當的距離，不要輕易讓關係進一步發展，以免自己陷入「圈套」之中。不要被他的外表和身分迷惑。

在考慮與一個人建立關係的時候，你要用「事不過三」這個原則檢驗對方的責任感。另外，你要相信自己的直覺。當你覺得哪裡不太對勁時，不要允許對方進入自己的生活，要將他趕出自己的圈子。

另外，**反社會型人格者的問題不是你應該承擔的責任，他的問題並不是你的錯，並不是你造成的，因此，改變他並不是你的責任**。不要試圖用自己的善良改變反社會型人格者，要關心自己的生活，追求自己的幸福。

4 發現苗頭，及時撤退

如果你在相處的過程中，發現自己的戀人有反社會型人格傾向，你要果斷地採取行動，擺脫對方的控制，否則等待自己的可能是萬劫不復。

在北大包麗事件中，包麗的男友牟林翰在一開始以非常優秀的、美好的一面獲取了她的好感，但是在交往過程中，他向包麗提出過分的要求，並用極端手段逼迫、威脅她。在這個過程中，包麗曾提出分手，但是面對這個戴著面具的人的低聲哀求，她心軟了。一次次

的原諒，換來的是一次又一次的絕望，最終她在最美好的年華永遠地離開了這個世界。

從這個事件中，我們可以看到反社會型人格者虛偽的一面。因此，不要過度留戀對方在戀愛之初展現的完美的一面，他們最擅長的就是迷惑他人。一旦你在這段感情中受到了不公平的待遇，請及時終止這段感情。

如果包麗在她第一次提出分手之後果斷離開，那麼悲劇就很可能不會發生。因此，無論他在你提出離開之後表現得多麼懊悔，你都不要心軟，因為在反社會型人格者的心裡，他只有把你留下，才有機會繼續「施虐」。

如何擁抱
一隻刺蝟

假如你是反社會型人格的刺蝟

反社會型人格者是一隻具有侵略性的刺蝟，這隻刺蝟充滿了攻擊性。當這隻刺蝟遇到另一半時，他就像是找到了征服的對象一樣，極易在親密關係中獲得操縱感。反社會型人格者不一定會在親密關係中傷害對方，但往往極具「殺傷力」。

1 學習與自己的「念頭」相處

看起來風度翩翩、優秀、完美的你，是大家公認的情場高手，因為你非常擅長分析別人的表情和情緒。多數反社會型人格者顯得理性、克制，也有一部分反社會型人格者表現得衝動又莽撞。**你要學習探索自己內心的「衝動」背後的想法，學著不要讓衝動變成行為**。當這

種「心念」在心中悄然升起時，你要學習與自己的「心念」相處，嘗試追蹤這一念頭的源頭，並用理性壓制這一念頭。

2正念訓練，培養同理心

反社會型人格者往往看起來很清醒、很理性，事實上，是被消極的信念困住了。戀愛之初，戀人往往會被其自律、冷靜、克制吸引，但同理心的匱乏，使反社會型人格者很難進入別人的感情世界。

要讓自己內心的冰山一點點融化，只靠戀人的溫度顯然不夠，**你還需要學習如何真誠地表達自己**。親密關係進入穩定期後，你的冷靜變成了冷漠。內心有裂縫之處就是光照進來的地方。請反思，自己是生性涼薄，還是缺乏自省、抗挫折能力不足。

3學會放手

反社會型人格者的詞典中沒有「愛」，他們的「儲愛槽」是空的，而且戀人的愛填不滿他們的空。如果你無法使自己內心的冰山消融，就需要告訴自己：「放愛一條生路。」親密關係的深處是彼此的赤誠相見，你的操縱欲在這種情況下更容易被激發出來，因此你應學會放手，這既能保護對方，也能保全自己。

4 誰是你的親密戀人

兩個反社會型人格者的相遇往往會使雙方成為彼此的「致命戀人」。思維模式、價值觀的接近，往往會使兩個反社會型人格者在剛開始相處時很投機，但是反社會型人格者的特殊性格特點，也使兩個人不會深交。在反社會型人格者的心中，對方永遠比不上自己。也許在某個臨界點，雙方會反目成仇。**反社會型人格者可以參與一些專業的心理治療。**

電影推薦：《煤氣燈下》

電影《煤氣燈下》於一九四四年上映，由美國導演喬治・庫克執導。電影圍繞在英格麗・褒曼主演的寶拉和查爾斯・鮑埃主演的安東，講述了一個極具希區考克風格的懸疑故事。男主角安東為謀取珍寶，不惜在殺害寶拉的姨媽後又接近寶拉，並採取了一系列令人匪夷所思的手段，對寶拉進行精神控制。

安東與寶拉談戀愛，並以結婚為由，說服寶拉搬進姨媽的房子裡住，這樣他便可以找尋丟失的寶物。面對寶拉，安東選擇對她進行精神控制。安東製造了一系列「陷阱」，讓寶拉逐漸覺得自己健忘、精神失常。

安東送給寶拉一枚吊墜，後來他偷偷將它藏起來，又故意問起吊墜在哪裡，找不到吊墜的寶拉覺得自己有些健忘；安東每天晚上會故意將煤氣燈光調暗，卻夥同傭人南西謊稱燈光正常，這讓寶拉變得精神恍惚；安東故意將臥室裡的一張掛畫藏在寶拉知道的位置，然後質問寶拉為何要將掛畫私藏。

如何擁抱一隻刺蝟

面對質疑，寶拉被逼著尋找，令她感到意外的是，她總能找到，這更讓寶拉認為自己有問題；安東會每晚偷偷溜進寶拉認為已經封死了的閣樓，一陣陣的腳步聲折磨著寶拉，逐漸讓寶拉認定自己精神失常。

安東對寶拉毫無愛意，一味地為自己的利益欺騙、毒害寶拉。但命運最終還是眷顧了寶拉，警探布萊恩在長時間的偵查取證後，發現了安東的陰謀，讓寶拉看到了真相。

布萊恩讓寶拉意識到有人在控制煤氣燈光，讓寶拉相信自己並未出現幻聽，讓寶拉知道自己的姨媽是被安東殺害的。

安東在被押走前對寶拉說：「我不求你原諒我，我做的一切都是為了那些珠寶，我像著了魔似的，我腦海裡的那把火分隔了你我。我這輩子都在覬覦那些珠寶，我不知道為什麼。」

安東為了珠寶，先殺害了姨媽，又對寶拉進行精神毒害，他完全沒有羞恥心和內疚感，甚至在最後一刻，也沒有意識到自己的行為給寶拉帶來了多大傷害。

國家圖書館預行編目資料

如何擁抱一隻刺蝟：戀愛與婚姻中的人格識別、接納與付出／段鑫星，李文文，趙亞平著. ——初版. ——臺北市；寶瓶文化事業股份有限公司，2022.07
面；　公分，——（vision；230）
ISBN 978-986-406-300-0（平裝）
1.CST：戀愛學　2.CST：人格心理學
544.37014　　111008140

Vision 230

如何擁抱一隻刺蝟——戀愛與婚姻中的人格識別、接納與付出

作者／段鑫星、李文文、趙亞平

發行人／張寶琴
社長兼總編輯／朱亞君
副總編輯／張純玲
資深編輯／丁慧瑋　編輯／林婕伃
美術主編／林慧雯
校對／張純玲・劉素芬・呂佳真
營銷部主任／林歆婕　業務專員／林裕翔　企劃專員／李祉萱
財務／莊玉萍
出版者／寶瓶文化事業股份有限公司
地址／台北市110信義區基隆路一段180號8樓
電話／(02) 27494988　傳真／(02) 27495072
郵政劃撥／19446403　寶瓶文化事業股份有限公司
印刷廠／世和印製企業有限公司
總經銷／大和書報圖書股份有限公司　電話／(02) 89902588
地址／新北市新莊區五工五路2號　傳真／(02) 22997900
E-mail／aquarius@udngroup.com
版權所有・翻印必究
法律顧問／理律法律事務所陳長文律師、蔣大中律師
如有破損或裝訂錯誤，請寄回本公司更換
著作完成日期／二〇二二年二月
初版一刷日期／二〇二二年七月二十日
初版二刷日期／二〇二三年十二月十二日
ISBN／978-986-406-300-0
定價／四二〇元

本書通過四川文智立心傳媒有限公司代理，經人民郵電出版社有限公司授權，同意由寶瓶文化事業股份有限公司出版發行中文繁體字版本。非經書面同意，不得以任何形式任意重製、轉載。
All Rights Reserved
Published by Aquarius Publishing Co., Ltd.
Printed in Taiwan.

愛書人卡

感謝您熱心的為我們填寫，
對您的意見，我們會認真的加以參考，
希望寶瓶文化推出的每一本書，都能得到您的肯定與永遠的支持。

系列：vision 230　**書名：如何擁抱一隻刺蝟——戀愛與婚姻中的人格識別、接納與付出**

1. 姓名：＿＿＿＿＿＿＿＿　性別：□男　□女
2. 生日：＿＿＿年＿＿＿月＿＿＿日
3. 教育程度：□大學以上　□大學　□專科　□高中、高職　□高中職以下
4. 職業：＿＿＿＿＿＿＿
5. 聯絡地址：＿＿＿＿＿＿＿＿＿＿＿＿＿＿＿＿＿＿
   聯絡電話：＿＿＿＿＿＿＿＿　手機：＿＿＿＿＿＿＿＿
6. E-mail信箱：＿＿＿＿＿＿＿＿＿＿＿＿＿＿
   □同意　□不同意　免費獲得寶瓶文化叢書訊息
7. 購買日期：＿＿＿年＿＿＿月＿＿＿日
8. 您得知本書的管道：□報紙／雜誌　□電視／電台　□親友介紹　□逛書店　□網路　□傳單／海報　□廣告　□瓶中書電子報　□其他
9. 您在哪裡買到本書：□書店，店名＿＿＿＿＿＿　□劃撥　□現場活動　□贈書　□網路購書，網站名稱：＿＿＿＿＿＿＿　□其他＿＿＿＿＿＿
10. 對本書的建議：（請填代號　1.滿意　2.尚可　3.再改進，請提供意見）
    內容：＿＿＿＿＿＿＿＿＿＿＿＿
    封面：＿＿＿＿＿＿＿＿＿＿＿＿
    編排：＿＿＿＿＿＿＿＿＿＿＿＿
    其他：＿＿＿＿＿＿＿＿＿＿＿＿
    綜合意見：＿＿＿＿＿＿＿＿＿＿＿＿＿＿＿＿＿＿＿＿＿＿
11. 希望我們未來出版哪一類的書籍：＿＿＿＿＿＿＿＿＿＿＿＿＿＿＿

讓文字與書寫的聲音大鳴大放

寶瓶文化事業股份有限公司

（請沿此虛線剪下）

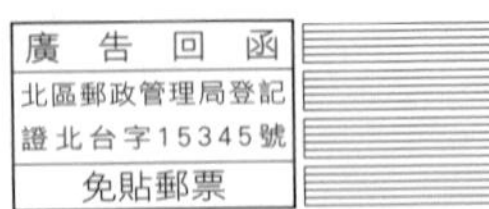

寶瓶文化事業股份有限公司收

110台北市信義區基隆路一段180號8樓
8F,180 KEELUNG RD.,SEC.1,
TAIPEI.(110)TAIWAN R.O.C.

(請沿虛線對折後寄回，或傳真至02-27495072。謝謝)